AI 도서관 트렌드

AI문고

인공지능 시대입니다. 기계가 인간의 인지를 대신하고, 사물이 인간을 통하지 않고 다른 사물과 직접 커뮤니케이션합니다. 이에 따른 인간 삶과 문명 변화를 정확히 이해·예측·대응하는 것은 이 시대 우리 모두의 과제입니다. AI문고는 인공지능 기술과 환경의 여러 주제를 10가지 키워드로 정리합니다. 관련 개념과 이론, 학계와 산업계의 쟁점, 우리 일상의 변화를 다룹니다. 인간과 기술의 현재, 미래를 세심히 분석합니다.

일러두기

- 인명, 작품명, 저서명, 개념어 등은 한글과 함께 괄호 안에 해당 국가의 원어를 병기했습니다.
- 외래어 표기는 현행 어문규정의 외래어표기법을 따랐습니다.

처음이세요?

전문가세요?

AI 도서관 트렌드

김지영

대한민국, 서울, 커뮤니케이션북스, 2025

AI 도서관 트렌드

지은이 김지영
펴낸이 박영률

초판 1쇄 펴낸날 2025년 10월 24일

커뮤니케이션북스(주)
출판 등록 2007년 8월 17일 제313-2007-000166호
02880 서울시 성북구 성북로 5-11
전화(02) 7474 001, 팩스(02) 736 5047
commbooks@commbooks.com
www.commbooks.com

ISBN 979-11-430-0979-1 03500

책값은 뒤표지에 표시되어 있습니다.

차례

AI 도서관 트렌드

인공지능(AI)이 일상과 사회 전반에 걸쳐 광범위하게 영향을 미치고 있다. 우리나라뿐 아니라 전 세계적으로 산업, 경제, 경영을 비롯한 문화, 예술, 과학, 의학, 국방과 안보, 법률에까지 전 분야에 걸쳐 AI의 영향을 실감할 수 있다. 여러 나라에서는 각 나라의 AI 관련 정부 정책 및 전략을 수립해 실행하고 있다. 도서관 분야에서도 AI에 대한 성명, 지침, 전략 등을 수립해 개발자, 연구자, 도서관 직원 및 사용자 등의 AI 활용에 대한 교육과 기준을 제시하고 있다.

AI 기술은 도서관의 업무 영역뿐만 아니라 도서관 서비스에서도 적용되어 활용 범위가 점차 확대되고 있으며, AI 기술을 탑재한 도서관 서비스는 더욱 정교하고 다양한 정보 서비스를 제공할 수 있게 진화하고 있다. 도서관 그리고 사서는 이러한 AI가 도서관에 미칠 환경의 변화를 인지하고 기술의 이해를 바탕으로 미래의 도서관 환경을 예측해 대응할 수 있어야 할 것이다.

AI, 도서관의 새로운 도약

지능 정보화 사회의 핵심 기술인 AI는 도서관 서비스 패러다임의 변화를 불러왔다. 도서의 수집과 분류, 이용자 서비스, 정보 서비스, 독서 문화 프로그램, 도서관 정책 수립에 이르기까지 도서관 운영 전반에 적용 범위를 확대하고 있다. AI 기반의 도서 추천 서비스, 실시간 챗봇, 스마트 도서관 등이 오늘날 많은 공공 도서관과 대학 도서관에서 운영되고 있는 도서관 서비스다.

스마트 도서관은 시간과 공간의 제약 없이 24시간 언제든지 대출과 반납을 지원하고, AI 기술 기반 챗봇은 도서관 운영 시간 외에도 이용자의 질문에 응답한다. 디지털 아카이브에 보관된 자료는 기계 학습을 통해 알맞은 카테고리에 분류되고, 데이터는 자연어 처리를 통해 주제와 키워드를 자동 생성해 활용된다. 이러한 도서관 서비스에 AI의 도입은 이용자 맞춤형 정보 제공과 서비스 효율성 측면에서 새로운 변화를 유도하고 있다.

그러나 이 기술의 확산과 활용 과정에서 우리는 여러 가지 질문에 직면하게 된다. AI 추천 시스템이 제공하는 정보는 과연 공정한가? AI가 활용하는 이용자의 검색 기록과 개인 정보는 어디까지 수집되고 어떻게 활용되어야 하는가? 기계가 판단한 정보는 얼마나 신뢰할 수 있으며, 이를 누가 책임질 것인가? 이러한 질문들은 도서관의 존재 근거와 신뢰성을 담보하는 중요한 윤리적·제도적 쟁점을 담고 있다.

사서, 전문성과 역할

AI 기술의 등장은 도서관 사서의 전문성에 대해서도 근본적인 질문을 던진다. 일부에서는 사서의 존재 이유가 줄어들 것이며 사서의 역할 역시 축소될 수 있을 것이라 우려하는 시선이 있다. 그러나 오히려 기술의 발전으로 사서의 역할과 전문성은 더욱 중요해지고 있다. 기술이 자동화할 수 없는 영역, 즉 정보의 맥락 해석, 지역 사회에 대한 감수성, 정보 격차 해소, 윤리적 판단, 사람 간의 소통에서 사서의 역할은 오히려 더 중요해지고 있다.

정보가 무한히 증가하고 진위가 불확실해진 환경에서 사서는 정보의 품질과 신뢰성을 판단하고 이용자에게 적절한 정보 경험을 제공하는 정보 전문가로 변화해야 한다. AI가 반복적이고 정형화된 업무를 대신하는 만큼, 사서는 이용자 중심의 맞춤형 정보 서비스, 데이터 기반의 지식 큐레이션, 정보 윤리 판단 등 더욱 전문적인 역량을 강화해야 할 필요가 있다.

이러한 환경 변화에 따라 사서를 양성하는 교육 과정

역시 혁신되어야 한다. 앞으로 문헌정보학 교육은 데이터 분석과 활용 능력, 디지털 아카이빙 기술, 알고리즘과 AI 이해 능력, 정보 윤리, 이용자 경험(UX) 설계 등의 융합적인 지식과 실무 중심 교육으로 구성되어야 할 것이다. 결국 도서관의 전문성은 AI 기술 자체가 아니라, 사서들의 변화와 성장에서 완성될 것이다.

이 책의 구성

《AI 도서관 트렌드》는 다음과 같은 질문을 중심으로 기술 변화와 도서관의 미래 방향에 대한 탐색을 중심으로 구성되었다.

AI는 도서관의 서비스와 업무를 어떻게 변화시키고 있는가?

지능형 도서 추천, 챗봇, 로봇 등 AI 기술은 도서관에서 어떤 방식으로 운영되는가?

스마트 기술은 도서관을 어떻게 변화시키고 있는가?

AI 기술은 디지털 아카이빙과 어떻게 연결되고 있는가?

자연어 검색 기술이 가져오는 이용자 경험의 혁신은 무엇인가?

AI는 공공 도서관 서비스에 어떻게 적용될 수 있으며,

사서들은 AI에 대해 어떻게 생각하고 있는가?

도서관에서 AI 리터러시는 왜 중요하며, 그 역할은 무엇인가?

AI 기반 도서관 정책의 법적 · 제도적 쟁점은 무엇인가?

사서의 역할은 어떻게 변화하며, 앞으로 어떤 역량이 필요한가?

세계 주요국의 AI 전략은 무엇이고, 도서관은 어떤 전략을 수립해야 하는가?

AI가 도서관 환경의 변화에 미치는 영향, 도서관 서비스의 방향성, 그리고 변화하는 도서관 서비스를 기획하고 운영하는 사서의 역할 등 도서관이 당면한 다양한 변화들에 대한 다각적인 고찰이 필요하다.

이 책은 국내외 도서관의 실제 사례와 정책 자료, 최신 기술 보고서, 그리고 도서관 현장의 고민과 변화에 관한 사례를 바탕으로 구성되었다. 도서관 현장에서 일하는 사서나 관리자, 문헌정보학과 관련 연구자뿐 아니라 AI 기술과 공공 서비스 정책을 고민하는 전문가와 일반 독자에게도 유용한 지침서가 될 수 있도록 내용을 구성했다.

도서관에 활용되는 AI 기술에 대한 개념과 이해, 더불어 AI 시대 도서관의 전략과 방향성을 조망해 보고자 한다. 《AI 도서관 트렌드》는 AI가 가져올 변화와 바람직한 활용을 위해 도서관과 사서가 어떠한 준비를 해야 하는지를 살펴봄으로써 다가올 미래 도서관이 나아갈 방향성을 정립하는 데 일조할 수 있기를 기대한다.

01
AI와 도서관

AI는 인간의 지능 활동을 기계가 수행할 수 있도록 하는 기술이며, 인간의 사고, 학습, 문제 해결, 언어 이해, 추론 등 인간의 지능 활동을 모방해 학습, 추론, 문제 해결 등을 수행하는 기술이다. 이러한 AI는 도서관 정보 검색, 이용자 맞춤형 서비스, 장서 관리 등 도서관 운영 및 서비스에 활용되고 있다. 기술의 고도화와 활용에 따른 도서관의 전략을 수립해 미래 도서관 환경 변화에 대응해야 할 시점이다.

기후 위기와 인공지능?

AI와 도서관 환경의 변화

인공지능(artificial intelligence, AI)이란 개념은 1956년 영국의 다트머스 콘퍼런스(Dartmouth Conference)에서 인지 과학자 존 매카시(John McCarthy)가 최초로 제안했다. 매카시의 AI 정의에 따르면, AI란 "인간의 지각, 추론, 학습 능력 등을 컴퓨터 등의 기술을 이용해 구현함으로써 문제를 해결할 수 있는 기술"이다. AI는 제4차 산업 혁명의 핵심 기술 중 하나로 인간의 학습 능력과 추론 능력, 지각 능력, 자연 언어 이해 능력 등 사이버 공간의 방대한 데이터를 해석해 지적 정보 처리를 컴퓨터 프로그램으로 실현하는 것을 말한다(김지영, 2023). 다시 말해, AI는 인간의 지능 활동을 기계가 수행할 수 있도록 하는 기술이며, 인간의 사고, 학습, 문제 해결, 언어 이해, 추론 등의 복합적 과정을 알고리즘과 컴퓨터 시스템을 통해 구현하는 것이다. AI의 정의는 기술의 발전과 연구 분야의 확장에 따라 다양하게 해석되지만, 공통으로 '지능적 행동을 기계가 수행할 수 있도록 하는 기술적 접근'이라는 핵심 개념을 포함한다(김지영, 2023).

고전적 정의로는 존 매카시를 비롯해 마빈 민스키(Marvin Minsky), 앨런 뉴얼(Allen Newell), 허버트 사이먼(Herbert Simon) 등 초기 AI 연구자들이 제안한 "인간처럼 생각하고, 인간처럼 행동하는 시스템"이라는 정의가 대표적이다(McCarthy, 2007).

러셀과 노빅(Russell & Norvig, 2021)은 AI를 "지능적인 에이전트를 설계하고 분석하는 과학"으로 정의했다. 여기서 '지능적인 에이전트(intelligent agent)'란 주변 환경을 인식하고 합리적으로 행동해 주어진 목표를 달성하려는 시스템을 의미한다고 설명한다. 즉, AI는 단순히 데이터를 처리하는 수준을 넘어 목표에 도달하기 위한 판단과 실행이 가능하다는 것을 의미한다.

한편, AI는 기계 학습(machine learning), 딥 러닝(deep learning), 자연어 처리(natural language processing), 컴퓨터 비전(computer vision) 등 다양한 하위 분야로 구분되어 있다. 이러한 기술은 데이터를 기반으로 스스로 학습하고, 패턴을 인식하며 점점 더 고도화된 의사 결정을 수행하는 형태로 발전하고 있다.

도서관에서 활용하고 있는 AI는 데이터를 학습해 정보의 흐름을 중재하고 조직화하는 '지능형 에이전트'라 할 수 있다. 도서관 서비스에 활용되는 AI는 정보 검색의 정확도를 향상하고, 이용자 맞춤형 도서관 서비스를 제공하며, 장서 관리의 최적화와 이용자 데이터 분석 등 도서관의 지능화된 서비스를 구현하고 있다. 이러한 도서관 서비스에 AI 기술의 활용은 도서관의 업무 효율성과 서비스 품질을 개선하는 한편, 도서관의 조직 구조와 인력 운영에도 영향을 미치고 있다(Padilla, 2019). AI 기술은 자료 검색, 분류, 장서 점검 등과 같은 도서관의 업무를 정형화하고 자동화할 수 있게 변화시켰다. 이로 인해 사서들은 AI를 활용한 정보 큐레이션, 데이터 분석, AI 리터러시 등 보다 고차원적이고 전문적인 업무를 수행해야 할 시점에 이르렀다.

또한, AI는 물리적 공간으로서의 도서관 개념에도 변화를 불러왔다. 도서관 서비스를 가상의 공간에서도 가능하게 하는 메타버스 도서관, 무인 대출 반납 시스템, AI 챗봇(Chatbot)을 활용한 정보 서비스 등이 확대되며 도서관은 지능형 정보 서비스 기관으로 진화하고 있다.

4차 산업 혁명과 AI의 급속한 발전은 도서관의 자료 수집, 정보 제공이라는 기본적인 기능에 새로운 정보 서비스의 패러다임을 전환하고 있다. 국외에서는 이미 여러 도서관이 AI를 활용한 맞춤형 추천 서비스, 자동 분류 및 주제 분석, 챗봇을 통한 정보 안내 등에 나서고 있으며, 북미 대학 도서관에서는 자동 분류와 카탈로깅에 대한 AI 활용도가 높다(김지현, 2020).

국내에서도 국립중앙도서관은 개인의 성향을 기반으

로 AI 추천 시스템과 대화형 인터페이스를 결합한 'AI 실감서재'를 도입했으며, 안양시와 광명시 등의 공공 도서관에서 AI 챗봇 서비스를 도입해 비대면 이용자 서비스를 확대하고 있다. 또한 한국교육학술정보원(KERIS)과 대학 도서관에서는 논문 추천, 학술 정보 검색 최적화, 자연어 기반 검색 엔진 적용 등을 추진 중이다. 이러한 변화는 이용자의 정보 접근성을 높이는 동시에 사서의 업무를 재편성하고 고도화하는 계기가 되고 있다.

AI 기술은 도서관 서비스에 혁신적인 변화를 불러왔지만 이로 인한 새로운 윤리적 · 법적 문제도 제기되고 있다. 첫째, 이용자 맞춤형 도서 추천 등에 활용되는 AI 추천 알고리즘의 편향성과 투명성 문제다. AI 추천에 활용되는 학습 데이터들이 특정 이용자 유형에 편향된 정보를 제공할 경우, AI 기술이 제공하는 정보에 공공성과 신뢰성을 확보하기 어렵다. 도서관은 기술 도입에 앞서 공공성과 신뢰성을 확보하기 위한 지침을 정비하는 등 기술 활용 기준을 마련해야 한다.

AI는 분명히 도서관 서비스의 새로운 변화를 불러왔지만 기술의 도입이 도서관의 기반을 흔들리게 해서는 안 될 것이다. AI를 도서관 서비스에 도입하는 것은 도서관 이용자에게 정확한 정보를 적절한 방식으로 전달하기 위함이다. 도서관이 추구하는 정보 접근권, 사서의 전문성, 지역 사회와의 연계 등 도서관의 가치는 변하지 않는다. AI는 도서관의 가치를 실현하기 위한 수단으로 활용되어야 한다.

도서관 전략과 계획

AI 기술의 발전은 디지털 정보 환경의 확대, 데이터 중심 사회로의 전환 등 사회 전반의 구조를 바꾸고 있다. 또한, AI 기반의 지식 생산과 활용이 가속화되면서 도서관도 지역 사회와 국가의 지식 생태계를 선도하는 전략 기관으로의 변화가 필요한 시점이다. 세계 각 나라의 국가도서관을 비롯한 주요 도서관 전문 기관에서는 AI 기반 도서관 환경에 중요한 기준이 되는 전략과 방향성을 제시하고 있다. 도서관의 미래 전략과 계획을 살펴봄으로써 미래 도서관의 방향성을 정립해 나갈 수 있을 것이다. 국제도서관협회연맹(International Federation of Library Associations and Institutions, IFLA), 미국도서관협회(American Library Association, ALA), 미국 의회도서관(Library of Congress, LC)이 제시하는 도서관 전략은 AI 기술에 대한 이해를 바탕으로 도서관 운영과 도서관 서비스 활용에 따른 도서관의 역할을 정립하는 데 핵심적인 기준을 제공한다.

국제도서관협회연맹의 글로벌 비전 요약 보고서에서 제시하는 10가지 주목할 점과 10가지 기회에 따르면, 사회를 풍요롭게 하는 도서관의 잠재력을 실현하기 위해 도서관의 디지털 혁신은 필수적이며 이를 위해 올바른 도구와 인프라, 자금과 기술 확보 등 끊임없이 변화하는 기술에 대비해야 한다고 제시했다. "도서관과 인공지능에 관한 IFLA 성명서"에 따르면, 도서관 서비스를 위해 광학 문자 인식(OCR), 메타데이터 자동 분류 및 챗봇과 같은 AI 기술을 활용해 서비스의 효율을 높임과 동시에 이용자 서비스 품질의 균형을 유지해야 한다고 강조한다. 또한, 도서관은 AI 기술의 활용 과정에서 프라이버시, 공정성, 투명성 등 윤리적 기준을 준수하며 이용자의 동의 기반으로 데이터를 관리할 것을 명시하고 있다(IFLA, 2020). 특히 도서관은 AI 기술 확산에 따른 사회 변화에 적응하기 위한 재교육 프로그램을 제공하는 등 AI 기술을 학습하고 활용할 수 있도록 AI 리터러시 교육기관으로서 역할을 해야 한다고 제시했다. 또한, 도서관은 AI 연구자 및 개발자 등과 협력해 AI 애플리케이션을 개발하고, 각국 정부와 함께 AI 관련 정책 수립에도 적극 참여할 것을 권장하고 있다(IFLA, 2018).

미국도서관협회는 옹호, 정보 정책, 전문성 및 리더십 개발, 형평성, 다양성 및 포용성을 전략으로 제시하고 있다. 특히 전문성 및 리더십 개발 전략으로 도서관 과학 교육, 경력 발전 및 전문성 개발을 위한 주제별 e-러닝의 교육 과정을 제공하고 있다. AI를 비롯한 정보 활용 능력을 기르기 위한 교육을 비롯해 디지털 도서관 프로젝트, 중요 정보 활용 능력을 통한 AI 살펴보기 등 업무에 활용할 수 있는 도서관 교육 프로그램을 개설했다. 또한, 정보 기술과 정보 정책이 도서관과 도서관 이용자에 미치는 영향을 이해하기 위한 연구와 분석을 수행하고 기술 변화를 예측하기 위한 전략을 수립해 도서관과 도서관 이용자에게 정책적 과제를 제시하고자 하는 거버넌스 구축을 수행하고 있다. 이러한 미국도서관협회의 전략은 기술 변화에 따른 도서관의 역량 강화를 위한 전략으로 평가할 수 있다.

미국 의회도서관은 디지털화된 문서의 텍스트 생성, 표준화된 카탈로그 레코드 생성, 저작권 데이터 추출, 입법 데이터 구문 분석, 장애인을 위한 도서관 서비스 등 자료 관리 및 이용자 서비스를 위해 AI와 기계 학습을 실험하고 있다. 기술의 윤리적 사용에 초점을 두고 도서관 및 문화 보존 기관에서 기술 채택에 관한 문제들을 해결하고자 "AI 응용 프로그램 규제를 위한 지침"을 수립해 전문가, 도서관 직원과 이용자의 올바른 기술 활용을 지원한다(Brador, 2024.11.19). 특히, 미래의 AI 개선 및 서비스를 위해 AI를 활용한 '이해-실험-구현'의 3단계로 구성된 AI 계획 프레임워크인 'LC Labs'을 실험하고 있다. 이 밖에 기술 사용을 안내하고 이를 위한 도구와 기술의 채택을 장려하는 등 거버넌스 체계를 강화하고 있다(Manchester, 2023).

이와 같은 도서관 전문 기관의 전략 및 계획을 살펴보면, 자료의 수집 · 보존 · 조직 · 배포 등 도서관의 기본적인 업무를 수행하면서 지능 정보 기술의 발달에 따른 사회 변화에 대응하기 위한 적극적인 전략 계획 수립 및 지능 정보 기술의 활용과 더불어 이를 위한 조직의 역량 개발에 중점을 두고 있음을 알 수 있다(김지영, 2023). 이러한 국제 도서관 기관들의 전략은 AI 기술이 단순한 자동화 수단이 아니라, 도서관의 정체성을 재구성하는 핵심 도구로 작용하고 있음을 시사한다.

참고문헌

강유정(2024). "공공도서관 AI 도서추천서비스의 이용자 수용연구". 《한국문헌정보학회지》, 58(4), 277~306쪽.

김지영(2023). “지능정보기술 기반 디지털 플랫폼 도서관 모델 연구”. 《한국지식정보기술학회 논문지》, 18(6), 1517~1526쪽.

김지현(2020). “인공지능(AI)을 이용한 도서관서비스 연구: 북미 대학도서관을 중심으로”. 《한국도서관·정보학회지》, 51(4), 231~247쪽.

Brador, I.(2024.11.19). Could Artificial Intelligence Help Catalog Thousands of Digital Library Books? An Interview with Abigail Potter and Caroline Saccucci. The Signal(Library of Congress Blog). https://blogs.loc.gov/thesignal/2024/11/could-artificial-intelligence-help-catalog-thousands-of-digital-library-books-an-interview-with-abigail-potter-and-caroline-saccucci/

IFLA(2018). Global vision report summary. https://www.ifla.org/global-vision-report-summary/

IFLA(2020). IFLA Statement on libraries and artificial intelligence. https://repository.ifla.org/items/8c05d706-498b-42c2-a93a-3d47f69f7646

McCarthy, J.(2007), From here to human-level AI. *Artificial Intelligence*, 171(18), 1174-1182.

Manchester, E. J.(2023). Introducing the LC labs artificial intelligence planning framework. The Signal(Library of Congress Blog). https://blogs.loc.gov/thesignal/2023/11/introducing-the-lc-labs-artificial-intelligence-planning-framework/

Padilla, T.(2019). Responsible operations: Data science, machine learning, and AI in libraries. OCLC Research. https://doi.org/10.25333/xk7z-9g97

Russell, S., & Norvig, P.(2021). *Artificial intelligence: A modern approach(4th ed.)*. Pearson.

02
AI 기반 도서관 서비스

요즘 도서관에서는 이용자의 관심사에 맞는 책을 추천해 주는 서비스, 질문에 답하는 챗봇이나 안내를 도와주는 로봇이 등장하고 있다. 도서관은 오랫동안 책을 찾고 정보를 탐색하는 공간으로 인식됐다. 하지만 디지털 기술의 급속한 발전과 함께, 도서관은 더는 단순히 자료를 보관하고 대출하는 곳에 머물지 않는다. 특히 AI 기술의 도입은 도서관 서비스 전반에 새로운 가능성을 열어 주고 있다.

노래하는 AI 보컬?

지능형 도서 추천 서비스

AI 기술은 도서관을 지능형 정보 큐레이터로 변화시키고 있다. 도서관에서는 사서 추천 도서, 이달의 추천 도서 등 추천 도서 목록을 제공하고 있다. 도서관의 도서 추천 서비스는 이용자 성향에 맞는 책을 직접 골라 주는 사서의 정성에서 출발했다. 하지만 이용자 수가 많아지고 관심 분야가 다양해진 오늘날에는 개인화된 추천이 점점 어려워지고 있다. 과거에는 추천 도서 선정이 사서의 경험과 직관에 의존했다면, 이제는 AI를 통해 더 빠르게 다양한 주제에 적합한 도서를 추천할 수 있게 되었다.

AI 기반의 추천 시스템은 이용자의 대출 이력, 검색 패턴, 심지어는 열람 시간까지 수집 · 분석해, 현재 이용자가 관심을 가질 만한 자료를 예측한다. 넷플릭스(Netflix)에서 본 영화 추천 알고리즘이나, 유튜브(YouTube)의 개인화된 영상 추천 방식과 유사한 원리다.

서울 서초구는 AI 시스템을 활용한 'AI 통합전자도서관'을 구축했다. 서초구의 AI 기반 도서관 시스템의 대표적인 서비스로는 이용자의 질의에 응답하고 원하는 정보를 빠르게 제공하는 '도서관 챗봇'이 있다. 이 챗봇 서비스는 서초구 내 여러 도서관의 자료 검색과 예약은 물론, 희망 도서 신청까지 통합적으로 처리할 수 있도록 지원하며 이용자 편의성을 크게 높이고 있다. 또한, 빅 데이터 분석 기술을 적용해 이용자 개개인의 관심 분야와 도서 열람 기록 등을 기반으로 맞춤형 도서를 추천한다. 이 외에도 학교 교과 과정과 연계된 추천 도서와 다양한 교육 콘텐츠를 제공하는 '스쿨북스', 영어 원서 플랫폼 '오버드라이브', AI를 활용한 '북큐레이션' 등 다양한 전자도서관 서비스를 제공한다(전준우, 2021.4.25).

국외의 AI 추천 시스템의 활용 사례로는 대만국립공공정보도서관(國家公共資訊圖書館)의 'AI 도서 추천' 서비스가 있다. 2024년 8월 말 출시된 이 서비스는 대만국립공공정보도서관에서 최초로 도입한 AI 기반 독서 컨설턴트 서비스로, 대규모 언어 모델(large language model, LLM) 지피티-4오(GPT-4o) 1과 임베딩 모델(embedding model) 2 기술을 결합해 도서관 소장 자료의 서지 특징과 이용자의 독서 취향을 분석한 뒤 맞춤형 추천 도서 목록을 제공한다(국립중앙도서관, 2025.3.7).

AI 지능형 추천 시스템은 이용자의 선호와 정보 탐색 패턴을 분석해 이용자의 요구에 적합한 정보를 제공할 수 있다. 또한, 이용자는 개인화된 검색 환경을 통해 만족도 높은 정보 이용 경험을 하게 된다.

AI 챗봇과 로봇

도서관에 가 본 사람이라면, 사서가 자리에 없는 시간에 문의할 수 없어서 답답했던 기억이 한 번쯤은 있을 것이다. 또는 "화장실은 어디인가요?", "이 책 어디 있어요?" 같은 단순한 질문들에도 답할 수 있는 사람이 없어서 불편을 겪었던 경험이 있을 것이다. 이러한 단순한 질문에 응답할 수 있는 도서관 서비스로 'AI 챗봇'이 있다. 챗봇이란 채팅과 로봇의 합성어로, 사용자가 메신저 앱에서 채팅하듯이 질문을 입력하면 필요한 정보를 실시간으로 제공해 주는 대화형 서비스다.

도서관에 챗봇 서비스가 도입된 초기에는 제공된 정보에 정해진 답변을 단순하게 제공하는 형태였으나 최근에는 대화형 메신저 형태로 카카오톡과 연계해 서비스하고 있다. 더 나아가 음성이나 이미지 등을 AI로 인식하고 분석해 이용자의 질문에 답변을 제공하는 형태로 발전하고 있다.

공공 도서관에서 제공하는 SNS 기반 챗봇 서비스는 서울도서관의 '서울톡', 안양시립도서관과 화성시 도서관의 챗봇 서비스와 같이 지자체 단위로 통합 서비스를 제공하기도 한다. 국립중앙도서관에서는 AI 도서 위치 안내 시스템을 통한 대출 반납 서비스를 제공하고 있다.

또한, 음성 및 이미지 인식, 자연어 처리, 딥 러닝 등 AI 기술을 탑재한 챗봇으로 이용자 맞춤형 참고 정보 서비스, 이용자 대출 기록을 통한 AI 도서 추천 서비스 등이 있다.

경기도 광명시와 전주시립도서관은 메신저 앱 카카오톡을 활용해 장소와 시간에 구애받지 않고 편리하게 도서관 서비스를 이용할 수 있는 '챗봇 서비스'를 제공하고 있다. 광명시의 도서관 챗봇을 통해서는 모바일 회원증 발급, 본인의 도서 이용 현황 조회, 도서 검색 및 예약, 도서관에서 개최되는 문화 행사의 조회 및 신청 등 다양한 기능을 손쉽게 이용할 수 있다. 전주시립도서관의 '도서 정보 챗봇 서비스'를 통해서는 도서 예약과 상호 대차 신청, 대출 기간 연장 등 도서관 서비스를 카카오톡 채널 채팅창에서 이용 가능하다.

도서관이 제공하는 챗봇 서비스는 이용자가 시간과 장소에 구애받지 않고 즉각적으로 필요한 서비스를 편리하게 이용할 수 있도록 한다. 이용자는 도서관 운영 시간이 아니더라도 언제 어디서나 도서관 챗봇 서비스를 이용할 수 있다.

대학 도서관에서도 챗봇 서비스를 제공하고 있다. 전북대학교 중앙도서관이 제공하는 챗봇 서비스는 전북대학교 웹사이트에서 'JBNU 챗봇'을 통해 도서관 이용 안내, 자료 검색, 시설 정보 등을 확인할 수 있다.

서울대학교도서관에 도입된 챗봇은 마인드로직이 개발한 것으로, 기존의 메뉴형 안내 방식인 단순 FAQ 서비스 방식에서 벗어나, 자연어 기반 대화 인터페이스를 통해 사용자가 사람과 대화하듯 자연어 기반의 질문을 하면 AI가 맥락을 이해해 필요한 정보를 정확하고 친근하게 안내하는 것이 특징이다(최태범, 2025.3.21). 또한, 잘못된 답변을 생성하는 환각(hallucination) 억제 기능을 탑재해 정보 제공에 신뢰성을 높였다.

최근 국회도서관에서는 생성형 AI 서비스를 기관에 알맞게 자체 개발했다. 기관에 도입하는 생성형 AI 서비스는 대체로 AI 기업의 기존 서비스를 도입하거나 자체 기획을 바탕으로 AI 기업에 외주를 맡기는 방식으로 운영한다(심우민, 2025.4.4). 국회도서관은 이런 방식에서 벗어나 자체 데이터를 오픈소스 대규모 언어 모델에 학습시켜 국회도서관만의 생성형 AI 서비스를 개발했다.

캘거리대학교도서관(University of Calgary Libraries, UCL)은 코로나19 팬데믹 이후 급증한 디지털 서비스 수요에 대응하기 위해 2021년 AI 기반 레퍼런스 챗봇 '티-렉스(T-Rex)'를 도입했다. 이 챗봇은 대규모 언어 모델과 검색 증강 생성(retrieval-augmented generation, RAG) 기술을 결합해 설계되었으며, 도서관 웹사이트를 통해 연중무휴 24시간 이용자 지원을 제공한다.

헬싱키 중앙 도서관 오디(Helsinki Central Library, Oodi)의 챗봇은 AI 기반으로 이용자의 관심과 선택 항목에 따라 오디도서관이 선정한 도서 및 콘텐츠를 추천하는 서비스를 제공했다. 이 챗봇은 모바일 애플리케이션 오보티(Obotti)로, 앱을 설치하면 누구나 도서관과 가정에서 이용할 수 있다. 이 앱에는 미리 정해진 관심 영역이 있는 다양한 봇(2021년 6월 기준 6개)이 있어서 대화형 챗봇 서비스를 이용할 수 있었으나(국립중앙도서관, 2021), 공급 업체와의 계약 종료와 개발에 필요한 리소스 부족으로 2023년 10월 31일에 서비스가 중단되었다(Oodi, 2023)

최근 전 세계적으로 AI 기술을 접목한 도서관 서비스가 다양하게 제공되고 있으며, 이 중에서도 AI 기반 로봇의 활용이 증가하고 있다. 국내 사례로는 창원도서관에 도입된 LG전자의 '클로이' 로봇이 있다. 이 로봇은 도서관 환경에 특화된 설루션이 적용되어 있으며, 방문객에게 안내 서비스를 제공하는 '가이드봇'과 업무 지원을 담당하는 '서브봇'으로 구성되어 있다. 특히 가이드봇은 음성 인식 기능을 탑재해 시각 장애인이나 어린이처럼 문자를 입력하기 어려운 이용자들도 손쉽게 정보를 검색하거나 길 안내를 받을 수 있도록 도와주고 있다(고성현, 2023.1.19).

도서 정리와 장서 점검에 특화된 로봇 활용 사례도 있다. 중국의 도서 정리 로봇 '투커'는 사물 인터넷, 컴퓨터 비전, AI, 자율 이동 기술이 결합한 복합 시스템으로, 도서관 장서에 부착된 RFID(무선 주파수 식별) 태그를 인식해 도서를 정리하는 기능을 수행한다(Yoo, 2020.7.10).

국내 여수 이순신도서관은 '장서 점검 로봇'을 최초로 도입했다. 이 로봇은 AI 알고리즘으로 수만 권의 도서를 단 몇 시간 만에 점검할 수 있다(구아현, 2020.1.31).

일본의 후나바시 시립도서관은 드론 기반의 장서 점검 시스템을 구축했다. 이 시스템은 AI 이미지 분석 기술을 활용해, 태블릿 PC로 서가를 촬영하면서 도서의 제목과 저자명을 자동으로 인식한다(국립중앙도서관, 2020.5.25). 이러한 기술은 리베라웨어사의 소형 산업용 드론 '아이비스(IBIS)'를 통해 구현되며, 도서관 내부를 자율 비행하면서 장서 상태를 파악하고 자동화된 데이터와 연동한다(장길수, 2020.3.13).

중국 톈진대학교에는 '즈투(智圖, Intellectual map)'

라는 이름의 AI 로봇이 있다. 이 로봇은 이용자의 요청에 따라 원하는 책의 위치를 안내할 뿐 아니라, 사용자의 검색 패턴이나 선호 장르 등을 분석해 개인화된 도서 추천 서비스를 제공한다(Yoo, 2019.10.24).

AI 기술 기반 챗봇과 로봇을 활용한 도서관 서비스는 도서관 운영 시간이나 물리적 거리의 제약을 극복해 도서관의 효율적인 운영과 다양한 이용자층의 정보 접근성을 높인다.

참고문헌

고성현(2023.1.19). "LG전자, 도서관 맞춤형 클로이 로봇 공급". 디지털투데이. http://www.digitaltoday.co.kr/news/articleView.html?idxno=468721

구아현(2020.1.31). "여수 이순신도서관 '장서점검 로봇' 인기… 개관한 달여 만에 10만 명 '훌쩍'". AI타임즈. https://www.aitimes.com/news/articleView.html?idxno=125359

국립중앙도서관(2020.5.25). "도서관에 '드론이 날아다녀요~'". https://librarian.nl.go.kr/LI/contents/L30303000000.do?schM=view&id=5907

국립중앙도서관(2021). "유럽 / 핀란드 헬싱키중앙도서관, AI 기반 도서 추천 봇 서비스 제공". https://librarian.nl.go.kr/LI/contents/L30303000000.do?schM=view&page=1&viewCount=9&id=39521&schBdcode=

&schGroupCode=
국립중앙도서관(2025.3.7). "스마트 도서관의 전담 독서 컨설턴트: 대만국립공공정보도서관 'AI 도서 추천' 서비스". https://librarian.nl.go.kr/LI/contents/L30201000000.do?schM=view&id=50552&schBcid=BBSMSTR_451
심우민(2025.4.4). "국회도서관, AI기술 활용한 생성형 지식서비스 확대 시행". 뉴스락. https://www.newslock.co.kr/news/articleView.html?idxno=107033
장길수(2020.3.13). "드론과 인공지능으로 도서관 장서 관리한다". 로봇신문. http://www.irobotnews.com/news/articleView.html?idxno=19957
전준우(2021.4.25). "서초구 '인공지능 도서관'… 빅데이터로 맞춤형 책 추천". 뉴스1. https://www.news1.kr/society/general-society/4285715
최태범(2025.3.21). "서울대 중앙도서관도 AI 쓴다 … 마인드로직, '대학 도서관 AX' 확산". 머니투데이. https://news.mt.co.kr/mtview.php?no=2025032016225739583
Yoo, E.(2019.12.4). "중국 톈진대학, 도서관 로봇 '즈투' 도입". 로봇신문. http://www.irobotnews.com/news/articleView.html?idxno=18972
Yoo, E.(2020.7.10). "中 도서관 로봇, '폐관 후 야간에 도서 정리'". 로봇신문. http://www.irobotnews.com/news/articleView.html?idxno=21440
Oodi(2023). Obotti will be retired from service.

https://oodihelsinki.fi/en/obotti-will-be-retired-from-service/

03
AI와 스마트 도서관

도서관은 AI, 사물 인터넷, 빅 데이터 등 4차 산업 혁명 기반 기술을 접목해 도서관 운영과 이용자 서비스를 자동화 · 고도화하고 있다. 스마트 도서관이란 무인화나 자동화 기기의 도입이라는 도서관의 물리적 공간의 개념을 넘어 이용자 중심의 맞춤형 정보 서비스와 데이터 기반 운영 체계를 구현하는 새로운 도서관이라 할 수 있다.

인공지능과 편향?

스마트 기술의 적용

2020년부터 현재에 이르기까지 최근 2년간 코로나19 팬데믹이 발생한 이후 도서관은 비접촉, 비대면 도서관 서비스, 디지털 스마트 기기를 활용한 대체 온라인 서비스 개발 등 도서관 환경에 많은 변화를 불러왔다.

미래의 도서관은 스마트폰, 태블릿PC, 노트북, 자동대출 반납기, 무인 스마트 도서관 등 자동화 장비와 비콘, NFC(근거리 무선 통신) 등과 같은 혁신적인 스마트 기술을 결합한 스마트 도서관 서비스로 변화할 것이며 이러한 도서관의 스마트한 변화는 도서관의 사회적 역할과 공동체 역할을 강조하는 방향으로 진행될 것으로 예측했다(곽승진 · 이정미, 2018).

국립중앙도서관의 '도서관 용어 해설'에서는 스마트 도서관(smart library)을 "태블릿 PC, 스마트폰에서 도서관 정보 서비스를 이용할 수 있는 스마트 미디어 기반 정보 서비스를 제공하고 도서관 시스템 전반에 RFID(무선주파수 식별)가 지원되며, 디지털 콘텐츠 관리 시스템이 구축된 도서관을 의미한다"라고 정의하고 있다. 다시 말해, 스마트 도서관이란 정보 통신 기술, AI · 빅 데이터 · 사물 인터넷 등 지능 정보 기술을 활용해 도서관의 운영, 서비스, 공간 등을 혁신적으로 개선한 도서관이라 할 수 있다.

스마트 도서관은 도서관 공간과 이용자 정보를 유기적으로 연결하는 지능형 서비스 환경을 구축한다(Farkhari et al., 2024). 이를 위해 다양한 스마트 기술이 융합해 적용되며, 특히 사물 인터넷은 도서관 내의 각종 디지털 기기와 센서를 연결해 실시간 정보를 수집하고 이를 기반으로 한 맞춤형 도서관 서비스를 가능하게 한다. 도서관에서 사물 인터넷의 적용은 도서관 내부의 사물과 인터넷을 연결해 개인별 맞춤형 서비스를 지원하고 최적의 도서관 환경을 유지할 수 있다. 실례로 비콘이나 RFID 기술을 기반으로 이용자에게 모바일 디바이스를 통해 도서의 위치를 알려 주는 서비스를 지원하고 있으며, NFC를 통해 도서 관련 정보를 제공한다. 또한 도서관 내에 설치된 사물 인터넷 센서로 온도와 습도 등을 측정해 도서관의 최적화된 환경을 제공하고 있다. 이와 같이 사물 인터넷은 미래의 도서관을 위한 새로운 서비스를 창출하고 있으며, 도서관 이용자들에게 이제까지 경험하지 못했던 새로운 경험과 가치를 제공하고 있다.

노지윤(2019)은 사물 인터넷을 비롯해 미래 스마트 도서관의 구현에 중요한 역할을 할 기술로 디지털 사이니지(digital signage), 비콘, 증강 현실(augmented reality, AR) 등을 활용할 것을 제안했다.

디지털 사이니지란 디지털 기술을 활용해 디스플레이 스크린이나 프로젝터에 영상과 정보를 표시하고 네트워크로 원격 관리하는 융합 플랫폼이다(노지윤, 2019).

비콘은 블루투스 기반의 근거리 통신 기술로, 도서관 이용자의 스마트폰과 연동해 도서에 대한 정보나 열람 좌석 현황 실시간 안내 등의 도서관 서비스를 제공한다.

증강 현실은 스마트폰, 태블릿 PC 또는 안경 형태 등의 기기를 통해 보이는 이미지에 부가 정보를 실시간으로 덧붙여 향상된 현실을 보여 주는 기술이다(국립중앙도서관, 2020). 증강 현실 기술로 어린이 열람실에서 동화책 속 장면을 시각화하거나, 전시실에서 자료에 대한 정보를 시청각 자료로 제공하는 등 이용자에게 몰입감 있는 탐색 환경을 제공할 수 있다.

이러한 스마트 기술들은 도서관 공간의 혁신적인 변화를 통해 도서관을 새로운 정보 접근 경로이자 의사소통 공간으로 만들었다. 이러한 도서관 서비스의 중심이 될 AI는 학습 알고리즘을 통해 이용자의 정보 검색 패턴을 이해하고 맞춤형 정보를 제공할 수 있게 된다. AI는 이용자의 정보 요구에 즉각적인 답변을 제공할 수 있으며 스마트 기기를 제어할 수 있어서 스마트 도서관 서비스를 수행할 수 있다.

스마트 도서관은 AI, 사물 인터넷 등 스마트 기술의 도입으로 혁신적인 도서관 공간의 변화, 이용자 중심의 도서관 환경 조성, 도서관과 이용자의 의사소통 요구를 충족시킬 수 있는 새로운 도서관 서비스다.

스마트 도서관

도서관은 인쇄 매체 중심의 전통적 도서관에서 전자 도서관, 디지털 도서관으로 발전했으며 이제 스마트 도서관으로 진보하고 있다(이주화 · 이명숙, 2019). 이를 보다 확장해 해석하면, 스마트 도서관은 전통적인 도서관의 물리적 구조와 디지털 공간을 결합해, 공간 컴퓨팅 환경 속에서 이용자와 정보와 기술이 유기적으로 상호 작용할 수 있는 그야말로 '똑똑한' 도서관이라 할 수 있다.

문화체육관광부는 이용자가 공공 도서관을 방문하지 않고도 도서 대출 반납 시스템을 이용해 도서 대출 반납 서비스를 이용할 수 있도록 주거 단지, 공공 기관 등 무인 도서관 거점 30여 곳에 스마트 도서관을 구축했다. 스마트 도서관을 통해 도서 선호 분석 결과를 바탕으로 추천 도서를 비치하고, 통합 플랫폼을 통해 대출 가능 여부 확인 및 예약도 가능하다.

서울도서관은 '서울 스마트 도서관'을 지하철 1호선 시청역에 설치하고 무인 도서 대출 및 반납 시스템을 구축해 국민의 편리한 독서 생활을 지원하고 있다. 도서관을 직접 방문하지 않아도 원하는 책을 지하철역이나 공원에 설치된 스마트 도서관에서 빌릴 수 있다(박귀임, 2025.7.3). 특히 스마트 도서관은 도서관 이용이 어려운 장애인, 도서관 방문이 어려운 원거리 지역 주민 등 지식정보 취약 계층의 도서관 접근성을 높일 수 있다.

중국 상하이시는 과학 기술과 첨단 기기 도입을 통해 도서관 시스템을 구축하고 있다(FutureIoT Editors, 2022.10.18). 특히, 상하이도서관 동분관은 자동화, 빅 데이터, 디지털 트랜스포메이션, AI 시스템과 같은 첨단 기술로 '신구(新舊) 지능형 하이브리드 도서관'으로 불린다. 우선 입구의 도서 자동 반납 분류기는 차세대 스마트 물류 분류 시스템을 탑재하고 있다. 자율 주행을 하면서 도서관을 안내하고 대출 및 반납 서비스를 제공하는 로봇 사서도 배치했다(조금주, 2023.9.13).

미국 노스캐롤라이나주립대학교(NC State University) 캠퍼스에 있는 제임스 B. 헌트 주니어 도서관(James B. Hunt Jr. Library)은 2013년에 개관했으며 로봇 기반의 자료 관리 시스템인 '북봇(bookBot)'이 있다. 이 시스템은 약 50피트(약 15미터)에 달하는 높이의 자동화 저장 공간에서 1만 8000개 이상의 서가를 관리하며, 사용자가 원하는 자료를 요청하면 로봇이 해당 자료를 찾아 전달한다.

이렇듯 스마트 도서관은 정보 접근성과 운영 방식에 획기적인 변화를 불러왔다. 지능 정보 기술의 도입으로 이용자 중심의 자율적 정보 탐색 환경을 조성했다. 키오스크 기반 무인 시스템과 AI 도입으로 이용자는 도서 검색, 추천, 대출 등 도서관 서비스를 스마트 시스템으로 이용할 수 있게 되었다. 스마트 도서관은 무인 시스템을 통해 시간과 장소의 제약 없이 자료를 이용할 수 있어서 이용자의 정보 이용에 대한 자율성과 편의성을 증진했다. 또한 지역 곳곳에 분산 설치된 스마트 도서관은 기존에 도서관 접근성이 낮았던 정보 소외 계층에게도 도서관 서비스를 제공하며 지역 사회 내 정보 격차 해소에 기여하고 있다.

참고문헌

곽승진·이정미(2018). "복합문화기관으로서 도서관의 라키비움 도입 전략 연구". 《한국비블리아학회지》, 29(3), 339-359쪽.

국립중앙도서관(2020). "5세대 지능형 디지털도서관 서비스 개발 및 구축 연구". 국립중앙도서관 연구보고서.

국립중앙도서관. “도서관 용어 해설”.
https://librarian.nl.go.kr/LI/contents/L30103000000.do
노지윤(2019). “도서관의 똑똑한 변화 스마트 도서관(Smart Library)”. 《도서관이야기》, 13(7), 8~13쪽.
박귀임(2025.7.3). “지하철역·공원서 책 대출·반납… 스마트 도서관, 더 편하고 가까워진다”. IT동아.
https://it.donga.com/107198/
이주화·이명숙(2019). “IoT 기반의 효율적인 스마트 도서관 자원 관리 시스템 개발”. 《디지털산업정보학회논문지》, 15(2), 1~9쪽.
조금주(2023.9.13). “상하이를 중심으로 살펴본 중국 공공도서관의 최신동향”. 국립중앙도서관.
https://librarian.nl.go.kr/LI/contents/L30201000000.do?schM=view&id=46537&schBcid=BBSMSTR_451
Farkhari, F., et al.(2024). Smart library: Reflections on concepts, aspects and technologies. *Journal of Information Science*.
FutureIoT Editors(2022.10.18). What's inside Shanghai's first smart library?. FutureIoT.
https://futureiot.tech/whats-inside-shanghais-first-smart-library/
NC State University Library. bookBot and Collections.
https://www.lib.ncsu.edu/hunt/bookbot

04
AI와 디지털 아카이빙

도서관은 인류가 남긴 기록과 지식을 수집하고, 이를 후대에 전달하기 위해 존재해 왔다. 그러나 21세기의 정보 환경은 하루에도 수십억 개의 디지털 문서가 생성되고 사라지며, 정보의 저장보다 의미 있는 보존이 더 어려워지는 시대다. 이러한 변화 속에서 AI는 도서관의 디지털 아카이빙을 새로운 방식으로 진화시키고 있다. 정보의 저장을 넘어 기록의 의미를 해석하고 숨겨진 정보를 찾아내며, 미래를 위한 활용 가능성을 높이는 지능형 보존의 시대가 도래했다.

청각장애인과 AI?

디지털 아카이빙의 새로운 도전

오늘날의 디지털 아카이빙은 더는 종이 문서나 인쇄물을 스캔하고 PDF로 저장하는 차원에 머무르지 않는다. 인터넷 환경에서 생성되는 수많은 웹페이지, 소셜 미디어 게시글, 동영상, 팟캐스트, 뉴스레터, 오픈 데이터 등은 모두 현대 사회의 기억을 구성하는 중요한 기록물이다. 특히 이들 콘텐츠는 양이 방대할 뿐만 아니라 구조적으로도 비정형적인 경우가 많고, 생성과 소멸이 매우 빠르게 이루어진다. 어제 존재했던 자료가 오늘은 삭제되거나 주소가 바뀌고, 몇 시간 전의 트윗이 수천 번 인용된 뒤 삭제되는 현상은 매우 흔하다.

이처럼 시간과 구조, 속성 면에서 기존의 기록과 전혀 다른 특성을 가진 디지털 정보를 아카이빙하는 일은 새로운 전략을 요구한다. 즉, 수동적인 보존의 개념을 넘어서는 적극적이고 동적인 대응이 필요하다.

디지털 환경에서의 아카이빙은 단순히 용량 문제를 넘어서 다양한 차원의 복잡성을 갖는다. 주요 도전 과제는 다음과 같다. 첫째, 정보량의 기하급수적 증가다. 실시간으로 생성되는 콘텐츠는 그 양이 기하급수적으로 증가하고 있다. 전 세계적으로 하루에만 수십억 건의 SNS 게시물이 업로드되고, 수천만 개의 웹페이지가 갱

신된다. 이를 전수 보존하는 것은 불가능에 가까워서, 어떤 정보를 아카이빙할지 결정하는 전략이 필요하다. 둘째, 비정형 콘텐츠를 처리하기에 어려움이 있다. 전통적 기록이 주로 텍스트 기반이었다면, 오늘날은 이미지 · 음성 · 영상이 훨씬 더 많다. 이러한 비정형 콘텐츠는 단순 저장만으로는 활용이 어려우며, 별도의 분석과 설명이 필요하다. 셋째, 보존 가치와 지속 가능성을 판단할 필요가 있다. 어떤 디지털 자료가 후대에 가치 있는 역사적 자산이 될지는 현재 시점에서 판단하기 어렵다. 특히 밈(meme), 인터넷 유머, 지역 커뮤니티의 뉴스레터 등 비주류 자료들도 향후 중요한 문화사적 의미가 있을 수 있다. 넷째, 법적 · 윤리적 문제들을 고려해야 한다. 웹 콘텐츠는 저작권, 프라이버시, 접근권 등의 법적 문제와 밀접히 얽혀 있다. 아카이빙 대상이 되는 게시물이 개인의 동의를 요하는가, 삭제 요청 시 어떻게 대응할 것인가 등은 현실적인 고민이다.

이러한 배경 속에서 AI는 기존 아카이빙 방식이 감당하지 못하는 영역을 보완하고, 데이터 중심의 아카이빙 전략을 가능케 하는 기술로 주목받고 있다. 다양한 영역의 예로, 개인적인 기록들이 미래의 문화유산으로 발전할 수 있다. 소셜 미디어 플랫폼에 남긴 사진, 동영상, 댓

글 등 디지털 공간에서 생성되는 다양한 콘텐츠들도 단순한 사적인 흔적을 넘어 사회적·문화적 맥락에서 가치가 있을 수 있다(김어진 외, 2024). 디지털 기록이 지속 가능한 기억으로 남겨지는 과정에서 AI 기술이 할 수 있는 역할에 대한 분석이 이루어지고 있다. 단순한 자동화 기술을 넘어, 정보의 분석과 재구성, 큐레이션까지 가능한 지능형 보존 도구로서 AI는 다음과 같은 방식으로 디지털 아카이빙의 패러다임을 변화시키고 있다.

AI는 자료의 자동 분류, 메타데이터 생성을 가능케 한다. AI는 문서의 형식과 내용을 분석해 주제를 분류하고 작성일, 키워드, 인물명 등을 추출해 메타데이터를 생성할 수 있다. 미국 의회도서관의 '신문 내비게이터(Newspaper Navigator)' 프로젝트는 딥 러닝 기술로 1600만 페이지에 달하는 신문 기사에서 이미지와 설명을 자동 추출해 태그화했다. 이러한 기술은 대량의 디지털 기록을 구조화할 수 있다.

자연어 처리 기술은 문서 간의 연관성을 파악하는 마이닝과 핵심어, 문맥 등 의미 분석을 가능하게 한다. 영국 국립도서관의 '단어 벡터' 프로젝트는 텍스트 기반 웹 콘텐츠를 대상으로 AI 기술을 도입해 통시적으로 단어의 의미 변화를 분석한다(Klein & Bunting, 2022).

AI는 이미지 · 음성 · 영상 인식 등 비정형 콘텐츠를 인식해 탐지할 수 있다. 사진 이미지 속의 인물이나 배경을 인식하거나, 오디오를 자동으로 전사해 텍스트로 변환할 수도 있으며, 영상에서 특정 장면을 탐지하는 AI의 기술은 아카이빙의 영역을 확장할 수 있다. 미국 의회도서관의 '음성-텍스트 뷰어(Speech-to-Text Viewer)'는 구술사 자료를 AI로 자동 전사하고 자막을 생성해 자료의 접근성을 높였다(LC, 2021).

AI는 텍스트나 이미지 간의 유사도를 분석한 뒤 주제별로 자료를 클러스터링해 제시할 수 있다. 이 기능을 통해 이용자는 직관적으로 정보를 탐색할 수 있다. 특히 교육 · 연구 목적의 이용에 활용되며, 국내외 도서관 서비스로 제공되고 있다. AI 큐레이션은 AI 기술 기반의 도서 추천 서비스로 이용자가 검색한 키워드나 탐색하고 있는 문서와 유사한 자료를 추천하는 방식이며, RISS, DBpia, KISS 등 연구 자료를 제공하는 검색 시스템에서 활용하고 있다.

AI 기반 아카이빙

2000년대 들어 인터넷이 급속도로 보편화되면서, 웹은 단순한 통신 수단을 넘어 방대한 지식과 정보가 흐르는 거대한 채널로 자리 잡기 시작했다. 정부 기관, 연구 기관, 언론, 개인 등에서 생산되는 수많은 디지털 콘텐츠가 실시간으로 온라인을 통해 유통되며, 정보의 양과 속도는 과거 어느 시대보다 폭발적으로 증가했다. 그러나 이처럼 유동적인 웹 정보는 생명력이 짧고, 수시로 수정되거나 삭제되며, 일정 시간이 지나면 흔적 없이 사라진다. 쉽게 접근할 수 있다는 장점 이면에는, 시간이 흐르면 되돌릴 수 없는 디지털 기억 상실의 위험이 도사리고 있다.

이러한 문제의식은 국제 사회에서도 일찍이 공유되었다. 2003년 10월, 유네스코는 "도서관 등 유산 기관은 디지털 형식으로 생산 · 유통 · 보존되는 정보를 책임감 있게 보존하고, 모두가 접근할 수 있도록 해야 한다"라는 선언문을 발표했다(UNESCO, 2023). 또, 같은 해에 국제인터넷보존컨소시엄(International Internet Preservation Consortium, IIPC)이 출범하며 웹 아카이빙을 위한 기술 표준과 협력 체계가 본격적으로 구축되었다. 그러나 웹 콘텐츠는 동적으로 생성되고 소멸하는 등 끊임없이 변화해 웹 자원을 수집하기 어렵다. 이러한 실시간으로 변화하는 웹 자원의 보존을 위해서는 기술적 복제 이상의 웹 아카이빙이 필요하다.

전 세계 도서관은 디지털 자원과 보존을 위한 체계적

인 웹 아카이빙을 위해 다자간 협업과 더불어 최근에는 AI 기술을 도입한 창의적인 실험을 하고 있다.

우리나라 대표 도서관인 국립중앙도서관은 2004년부터 오아시스 사업(Online Archiving & Searching Internet Sources, OASIS)을 추진해 디지털 시대의 문화유산을 체계적으로 보존하는 선도적 임무를 수행해 왔다(국립중앙도서관, 2023). 매일 변화하고 발전하는 웹 자원을 기록하고 기억하기 위한 이 사업은 지금까지 260만 건이 넘는 국내외 웹 자료를 수집 · 보존해 왔으며, 학술 · 언론 · 공공 기관 웹 콘텐츠를 아카이브의 대상으로 삼았다. 오아시스는 단순히 웹 페이지를 수집하는 데서 머무르지 않고 시기별 · 주제별 컬렉션을 구성해 활용도를 높였다. 오아시스 20주년을 맞아 열린 '웹트로: 디지털 기억(Webtro: Digital Memory)' 전시(2024)는 오아시스의 가치를 오프라인으로 확산한 대표적 사례로 볼 수 있다. 오아시스 사업은 AI 기술을 적용하고 있지는 않지만, 전 세계 인터넷 정보 자원의 수집 및 보존을 위한 공통의 도구 · 기술 등 표준 개발과 지원, 웹 콘텐츠 활용을 위한 다양한 연구, 인터넷 보존 이니셔티브 활동, 국제 정보 자원 공유 등을 진행하고 있다(국립중앙도서관, 2023).

미국 의회도서관은 미네르바(MINERVA) 웹 보존 프로젝트를 통해 2000년부터 웹 아카이빙을 시작했다. 컬렉션 기반의 이벤트, 테마 관련 웹사이트의 선별적 수집, 정부 기관 웹사이트 대상 포괄적 수집 등을 병행하고 있다. '신문 내비게이터'는 AI를 디지털 아카이빙 분야에 실험적으로 적용한 프로젝트로, 신문 페이지를 딥 러닝 기반 컴퓨터 비전 기술로 분석해 사진, 만평, 광고, 삽화 등 다양한 시각 콘텐츠를 자동으로 분류 · 태그해 서비스하고 있다(국회도서관, 2023). 이를 통해 이용자는 시각 콘텐츠만 추출해 검색할 수 있으며, 해당 코드와 데이터가 공개되어 학술 및 공공 기관의 후속 연구에 활용되고 있다(Library of Congress, 2020). 또한, 음성 자료 자동 전사 시스템을 실험하는 'Speech-to-Text Viewer' 프로젝트가 있다(Library of Congress, 2020). '아마존 트랜스크라이브(Amazon Transcribe)'를 기반으로 AI가 구술 인터뷰 등의 음성을 자막 형태로 변환해 전사본을 시간 코드와 함께 제공한다. 제공된 결과물을 사서나 자원봉사자가 검토해 정확도를 개선한다(Library of Congress, 2020).

영국 국립도서관은 2013년부터 국가 도메인 전체를 대상으로 사이트를 수집하고 있다. 영국 웹 아카이브에서 웹 검색과 영국의 생활 및 사건, 연구 등 100개 이상의 주제 및 테마 컬렉션을 제공하고 있다(국립중앙도서관, 2023). 영국 웹 아카이브 코퍼스(DUKweb)를 활용해 AI가 자동으로 유의어 · 동의어 관계 변화를 시각화해 제시함으로써 연구자는 시대별 의미 차이를 직관적으로 파악할 수 있다(Klein & Bunting, 2022).

AI는 디지털 아카이브의 핵심적인 기술이라 할 수 있다. AI는 방대한 웹 콘텐츠 중 수집 우선순위를 판단하거나, 자동으로 메타데이터를 생성하고, 콘텐츠의 주제나 의미 분석을 가능하게 한다. AI 기반 검색 보조도 도입 단계에 있다. 공공 토론이 활발한 포럼이나 캠페인처럼 주제 기반 신호를 AI가 식별해 활용할 수 있다고 보았으며, 이 작업을 통해 자동 페이지 우선순위 지정 및 키워드 태깅 시스템으로의 발전 가능성을 시사했다.

도서관의 미래 자원으로서 웹 기반 정보의 중요성은 갈수록 커지고 있으며, 그 유형 또한 텍스트, 이미지, 영상, 소셜 미디어 포스트, 인터랙티브 콘텐츠 등으로 다양화되고 있다. 이러한 변화에 따라 도서관이 수집하고 보존해야 할 디지털 자원의 범위는 이전보다 훨씬 넓고 복잡해졌다. 국내외 주요 도서관과 기관들은 공통으로 주제 중심의 선별적 수집과 국가 도메인 단위의 포괄적 수집을 병행하는 전략을 취하고 있다. 특정 사회 이슈나 문화 현상에 관련된 웹 콘텐츠를 집중적으로 수집하는 동시에, 정부나 공공 기관의 공식 웹사이트처럼 장기적으로 보존할 가치가 있는 자료들도 꾸준히 확보하고 있다.

참고문헌

국립중앙도서관(2023). "웹자원 아카이빙(OASIS) 현황 및 사례, 미래 발전방안". 《국립중앙도서관 이슈페이퍼》, 14.

국립중앙도서관(2025). "아카이브 자료의 맥락화 강화: 인공지능을 활용한 이미지 처리". https://librarian.nl.go.kr/LI/contents/L30201000000.do?schM=view&page=1&viewCount=9&id=50865&schBdcode=&schGroupCode

국회도서관(2023). "데이터 기반 지능형 미래 전자도서관 플랫폼 구축·운영에 대한 연구". https://www.nanet.go.kr/cmmn/file/fileViewer.do

김어진 외(2024). "키워드 분석을 통한 국내 디지털 헤리티지 연구 동향 분석". 《인문콘텐츠》, 73~98쪽.

International Internet Preservation Consortium(IIPC)(2024). Web Archiving Tools & Standards. https://netpreserve.org/ga2024/

Klein, E., & Bunting, H.(2022). DUKweb: Diachronic word representations from the UK Web Archive corpus. *Proceedings of the Language Resources and Evaluation Conference*. European Language Resources Association. https://doi.org/10.1038/s41597-021-01047-x

Library of Congress(2020). Newspaper Navigator Project. https://news-navigator.labs.loc.gov

Library of Congress(2020). Speech to Text Viewer.
https://labs.loc.gov/work/experiments/speech-text-viewer/
UNESCO(2003). Charter on the Preservation of the Digital Heritage.
https://unesdoc.unesco.org/ark:/48223/pf0000179529

05
AI와 정보 검색

도서관의 정보 검색은 이용자의 정보 요구에 따라 도서의 자료를 찾는 것에서 시작되었다. 이후 디지털 기술이 발달하면서 도서관 정보 시스템의 접근으로 정보를 검색할 수 있게 되었다. 오늘날의 정보 검색은 이용자의 다양한 요구에 부응하는 이용자 중심으로 설계되어야 한다. AI는 이용자의 질문 의도를 파악하고, 질문의 맥락을 이해해 관련성 높은 정보를 빠르게 제공하는 확장된 정보 검색을 가능하게 한다.

AI 콘텐츠 크리에이터?

정보 검색의 새로운 패러다임

전통적인 도서관의 정보 검색은 이용자의 정보 요구에 따라 서지 데이터나 제목, 저자, 주제어 등 키워드를 입력해 자료를 찾는 방식이었다. 그러나 현대에는 많은 정보들이 유통되어 정보의 양이 급증하고 있으며 인터넷의 발달로 도서관이라는 공간이 아닌 개인 디지털 기기로 정보 시스템에 접근해 원하는 정보를 탐색할 수 있는 시대가 도래했다. 그뿐만 아니라 자연어 처리, 머신 러닝, 대화형 인터페이스 등과 같은 AI 기술은 도서관의 전통적인 정보 검색 방식을 변화시키고 있다. 특히, AI 기술 중에서도 자연어 처리는 인간의 언어를 기계가 이해하고 해석할 수 있도록 하는 기술로, 문장 속의 단어 의미와 구조를 분석해 의미적 연결망을 형성한다. 즉, 자연어 처리 기술로 질문의 맥락이나 의미를 이해할 수 있다.

자연어 처리는 응용 방법 측면과 기술 원리 측면에 따라 구분할 수 있다(국회도서관, 2023). 먼저, 응용 방법 측면에서 자연어 처리는 정보 분석 관점과 커뮤니케이션 관점으로 나눌 수 있다. 정보 분석 중심의 자연어 처리는 대량의 문서나 텍스트 데이터를 분류, 요약, 추출, 감정 분석 등의 방식으로 처리해 통찰력 있는 정보를 도출하는 데 중점을 둔다. 예를 들어, 도서관에서는 수천

건의 학술 논문 초록을 자동 분류하거나, 메타데이터에서 핵심 키워드를 추출하는 데 활용할 수 있다. 반면, 커뮤니케이션 중심의 자연어 처리는 인간과 기계 간의 자연스러운 언어 상호 작용을 목적으로 한다. 도서관 서비스에 활용되는 챗봇, 음성 인식, 대화형 검색 인터페이스 등이 여기에 해당한다.

둘째, 기술 원리 측면에서 자연어 처리는 자연어 이해와 자연어 생성으로 구분된다. 자연어 이해는 입력된 언어를 구문적으로 분석하고 의미를 파악하는 과정에 해당하며, 문장의 의도를 해석하거나 키워드의 맥락을 판단하는 데 활용된다. 즉, 자연어로 표현된 텍스트에 포함된 단어, 구문, 문장, 문단, 문서 등을 기계적으로 해석하고 이를 표현하는 기술로서 인간의 언어 활동에 비유하면 '읽기'와 '듣기'에 해당한다. 도서관에서 사용되는 질의 분석, 추천 알고리즘 등이 대표적이다. 반면, 자연어 생성은 기계가 언어적 표현을 능동적으로 생성하는 기술로, 요약문 자동 작성, 질의응답 생성, 보고서 문장 구성 등에서 활용된다. 다시 말해, 풍부한 자연어 지식을 바탕으로 응용에 맞게 자연어를 새롭게 생성하는 기술로서 인간의 언어 활동에 비유하면 '말하기'와 '쓰기'에 해당한다(국회도서관, 2023). 예를 들어, 도서관에서 문헌 정보를 기반으로 연구 개요를 자동 작성하거나, 이용자 요청에 맞춰 요약 콘텐츠를 제공하는 서비스는 자연어 생성 기술에 기반한다.

이러한 AI의 자연어 처리는 정보 검색 과정에서 이용자의 질문을 이해하고, 의도를 파악하며, 적절한 정보를 예측하고 제안한다. 또한, AI 기술은 이용자의 검색 이력, 대출 기록, 관심 분야 등을 학습해 이용자 맞춤형 추천 정보를 제공할 수 있다.

한편, AI 기반 정보 검색 시스템의 도입은 도서관 이용자의 정보 검색 사용자 경험(user experience, UX)을 변화시키고 있다. 사용자 경험은 일반적으로 이용자가 특정 시스템이나 제품, 서비스를 이용하면서 느끼고 생각하는 지각과 반응, 행동 등 전반적인 경험을 의미하며, 단순한 사용성(usability)을 넘어 정서적 만족감, 효율성, 몰입감 등을 포함한다(Hearst, 2009). 정보 검색 분야에서 사용자 경험은 이용자의 정보 검색 과정 전반에 걸쳐 정보를 탐색하고, 해석하며, 결과에 도달하기까지 총체적으로 설명하는 개념이다.

기계와 서비스 디자인은 사회적 활동이며 기계의 성공적인 작동뿐만 아니라 사람 사이의 상호 작용을 통한 사회적 활동이어야 한다. 시스템과 서비스를 사용하면서 느끼는 사용자 경험 디자인은 기술이 진화하고 기계가 정교해질수록 제품에 대한 이해에서 사용까지의 경험과 즐거움에 초점을 맞추고, 감성적인 요소를 결합해야 한다(Norman, 1988/2016).

도널드 노먼(Norman, 2010/2018)은 시스템이 이용자와 상호 작용을 하는 인간의 경험에 가치를 두는 것이 사용자 경험 디자인의 핵심이라고 보았다. 이러한 사용자 경험은 도서관 정보 검색 시스템 설계에 적용될 수 있다. 자연어 질의, 대화형 인터페이스, 맥락 기반 추천 등 AI 기술은 이용자와 상호 작용을 통해 이용자의 정보 검색 경험을 혁신적으로 바꾸고 있다.

생성형 AI 활용

생성형 AI로 대표되는 챗지피티(ChatGPT)는 기계와 상호 작용하는 방식에 혁신적인 변화로 다가왔다. 챗지피티의 가장 큰 장점은 사용자가 대화형 인터페이스에서 자연어를 입력하면 대화 형식을 통해 응답을 받음으로써 쉽게 활용할 수 있다는 데에 있다. 생성형 AI는 이용자가 입력한 콘텐츠를 분석하고 생성하며 사람과 상호 작용을 통해 직관적이고 사용하기 쉬운 사용자 경험을 제공한다. 우리나라뿐만 아니라 세계 주요 도서관들은 생성형 AI 기술을 도입해 다양한 도서관 플랫폼을 개발하고 있다.

국립중앙도서관은 2021년에 AI 기반 요약 및 검색 시범 서비스를 개시했다. AI가 이용자의 질문을 이해하고 해당 질문에 대한 답을 도서의 본문 속에서 찾아 제시해 주는 AI 검색, 사회 과학 · 기술 과학 · 인문학 등 여러 분야의 도서와 논문에 대해 AI가 작성한 요약문을 볼 수 있는 서비스, AI 학습용 데이터 구축을 위한 원천 데이터 제공 등 AI 기술을 적용한 도서 본문 검색과 도서 및 논문 요약을 제공했다(국립중앙도서관, 2021.5.5). 현재는 홈페이지에서 서비스되고 있지 않지만, AI 기술을 적용한 새로운 도서관 온라인 서비스를 시범적으로 개시했다는 점이 고무적이다.

국회도서관은 최근 홈페이지, 국회전자도서관, 의회법률정보포털 등 주요 플랫폼에 AI 기술을 활용한 생성형 지식 서비스인 AI 사서 '나비'를 제공하고 있다. 이 서비스는 자연어 처리 기술인 대규모 언어 모델과 검색 증강 생성 기술을 결합해 이용자 질문에 빠르고 정확한 답변을 제공한다(장덕수, 2025.4.3). 국회전자도서관에서는 'AI 100자 요약 서비스'와 '자료 요약 서비스'도 함께 운영 중이다. 전자는 방대한 문서에서 핵심만 골라 간결하게 요약된 정보를 제공해 빠른 이해를 돕고, 후자는 사용자가 올린 문서의 주제를 AI가 자동으로 요약 후 다운로드 가능하게 함으로써 연구자·정책 관계자 등의 분석 역량을 지원한다.

한편, 국회도서관은 AI를 활용한 실시간 외국 법률 번역 서비스를 개발해 국회도서관 의회법률정보포털을 통해 최신 입법 사례를 편리하게 이용할 수 있도록 할 계획이라고 한다.

서울도서관은 서울시가 제공하는 AI 챗봇 '서울톡'을 도입해 서울도서관의 이용 안내, 회원증 발급, 도서 대출·반납, 주변 도서관 검색 등 주요 도서관 기능을 자연어 대화 형태로 이용할 수 있는 서비스를 제공하고 있다. 카카오톡에서 '서울톡'을 친구 추가하면, 서울시의 공공행정과 관련한 내용에서부터 도서관 안내까지 통합 서비스를 이용할 수 있다. 서울톡은 이용자가 "회원증 발급은 어떻게 하나요?", "도서관은 어디에 있나요?" 같은 질문을 입력하면 실시간 답변과 관련 링크를 제공하며, 메뉴 선택 방식을 병행해 직관적인 사용자 경험을 구현한다(서울문화포털, 2021.12.22; 서울특별시, 2025.5.1).

미국 매사추세츠공과대학교(MIT) 도서관은 2021년, 기존의 복잡했던 검색 시스템을 하나로 통합한 '콜렉션 검색(Search Our Collections)'라는 새로운 플랫폼을 도입했다. 이 플랫폼은 도서, 학술지, 전자 자료 등 다양한 자원을 한 번에 검색할 수 있는 단일 인터페이스를 제공하며, 고급 필터링과 연관도 정렬 기능이 있다. 특히 새로운 플랫폼 기능으로 검색을 간단하게 하는 고급 검색 기능을 개선하고 온라인 콘텐츠를 액세스할 수 있는 기능을 탑재하고 있다.

미국 스탠퍼드대학교(Stanford University) 도서관의 AI 스튜디오(AI Studio)는 대학이 보유한 텍스트, 원고 문서, 사진, 지도 등 다양한 디지털 컬렉션을 AI로 적용해 직원의 내부 정보 처리를 돕고 연구자가 컬렉션을 더 쉽게 검색하고 분석하도록 개발된 서비스다(국회도서관, 2023). AI 스튜디오는 사서와 연구자가 협업해 구축한 플랫폼으로, 텍스트 및 비정형 데이터의 전사, 주제화, 토픽 모델링을 사용해 다양한 기능을 제공한다. 음성 인식 소프트웨어를 통해 시인 앨런 긴즈버그(Allen Ginsberg)의 오디오 카세트를 전사하거나, 해양학 현장 노트의 아날로그 데이터를 디지털 매체로 변환해 제공한다.

유럽에서는 핀란드 국립도서관의 핀토 AI(Finto AI)가 주제 색인 자동화 서비스다. 이 서비스는 'Annif'라는 개방형 자동 색인 도구를 기반으로 하며, 핀란드어 · 스웨덴어 · 영어로 된 텍스트의 주제를 자동으로 제안하는 데 사용할 수 있다(국회도서관, 2023). 웹 양식과 API를 통해 다른 도서관 시스템과도 유연하게 통합될 수 있도록 개방형 API를 제공하고 사이트 내에서 파일 업로드, URL이나 텍스트를 입력하면 주제 기반 자동 색인을 제안해 준다.

한편, 프랑스 국립도서관의 디지털 아카이브 플랫폼인 갈리카(Gallica)는 이미지 마이닝 프로젝트이다. 모든 시대와 매체의 수백만 건의 디지털 문서에 대해 무료로 오픈 액세스를 제공한다. IIIF(International Image Interoperability Framework) 기술과 기계 학습과 같은 AI 기술을 활용해 도서, 신문 등 문서에서 이미지를 찾아 감지해 디지털 컬렉션 탐색 기능을 제공한다(국회도서관, 2023). 생성형 AI와 챗지피티는 이용자의 정보 검색 요구에 상호 작용을 통해 지능적이고 직관적으로 제시할 수 있다. 도서관의 정보 검색은 이용자의 정보 요구, 정보 분석, 시스템과의 상호 작용 등을 분석해 사용자 경험을 제공할 수 있는 정보 검색 시스템으로 설계되어야 한다.

참고문헌

국립중앙도서관(2021.5.5). “헤드라인 뉴스: AI 기반 요약 및 검색 시범 서비스 개시”. 오늘의 도서관. https://blog.naver.com/todayslibrary/222339346361

국회도서관(2023). “데이터 기반 지능형 미래 전자도서관 플랫폼 구축·운영에 대한 연구”. https://www.nanet.go.kr/cmmn/file/fileViewer.do

노지윤(2019). “도서관 발전의 주요 키워드, 사용자 경험(UX)”. 《도서관이야기》, 13(4), 15~19쪽.

서울문화포털(2021.12.22). “챗봇 ‘서울톡’ 도서관 안내 서비스 오픈”. https://culture.seoul.go.kr/culture/bbs/B0000000/view.do?menuNo=200050&nttId=3872&pageIndex=1

서울특별시(2025.5.1). “인공지능(AI) 상담사 챗봇 서울톡”. https://news.seoul.go.kr/gov/archives/511223

장덕수(2025.4.3). “국회도서관, “친절한 ‘AI 사서 나비’를 찾으세요””. 일요서울. https://www.ilyoseoul.co.kr/news/articleView.html?idxno=500606

Gallica. https://gallica.bnf.fr/accueil/en/html/about-us

Hearst, M.(2009). *Search user interfaces.* Cambridge University Press.

MIT Libraries(2021.5.12). Our new library platform: What to know before you go. MIT Libraries News. https://libraries.mit.edu/news/library-platform-before/32066

MIT Libraries(2021.7.13). Try our new library search platform. MIT Libraries News.

https://libraries.mit.edu/news/library-search-platform-2/32209

MIT Libraries. New library search platform: FAQ. https://libraries.mit.edu/research-support/new-library-platform

Nielsen, J.(2012). Usability 101: Introduction to usability. Nielsen Norman Group. http://www.nngroup.com/articles/usability-101-introduction-to-usability

Norman, D. A.(1988). *The design of everyday things.* Basic Books. 박창호 옮김(2016). 《(도널드 노먼의) 디자인과 인간 심리》. 학지사.

Norman, D. A.(2010). *Living with complexit.* 범어디자인연구소 옮김(2018). 《도널드 노먼의 UX 디자인 특강: 복잡한 세상의 디자인》. UX리뷰.

06
AI와 공공 도서관

최근 AI 기술이 빠르게 확산하면서, 공공 도서관도 변화의 흐름 속에 놓이게 되었다. 도서 추천, 챗봇 안내, 자동 분류와 같은 AI 기반 서비스가 일부 도서관에서 도입되었지만, 그 적용 수준과 활용 방식은 아직 초기 단계에 머물러 있는 경우가 많다. 공공 도서관에 AI 기술을 도입하기 위해서는 사서들이 AI 기술을 어떻게 인식하고 있으며, 도서관 업무에 어떤 방식으로 적용할 수 있을지에 대한 실증적 분석을 바탕으로 AI 도서관 서비스 모델을 도출할 필요가 있다.

AI와 민주주의?

AI 도서관 서비스 모델

과학 기술의 발전은 사회 환경 전반에 변화를 불러왔다. 도서관에서도 AI를 적용한 도서관 서비스를 개발하고자 노력하고 있으며 이에 따른 도서관 직무에 적합한 AI 도서관 서비스 모델을 개발할 필요가 있다. AI 기반 기술의 도서관 활용에 대한 공공 도서관 사서들의 다양한 의견을 살펴보고, 도서관의 과업 영역 및 과업 내용을 분석해 AI 기술을 활용한 도서관 서비스 모델을 도출했다.

AI 기반 도서관 서비스 모델을 도출하고자 공공 도서관의 과업 영역을 경영 관리, 장서 개발, 이용자 서비스, 정보 시스템의 네 가지 직무 분야로 구분했다.

AI 서비스에 대한 공공 도서관 사서들의 의견을 포함해 도서관 활용 방안에 대한 제안 등 자유롭고 흥미로운 내용을 소개하고자 한다.

AI 기술의 활용 제안 중에서 도서관의 경영 관리 부분에 해당하는 내용으로 홍보물 및 보도 자료 작성 등이 있었다.

> "도서관 인원 관리 및 재고 등 사람의 업무를 인공지능이 대신 수행 가능할 것이다."
>
> "도서관 행정 업무에 챗지피티를 활용해 안내문 또는 보도

자료의 초안 등을 작성 후 담당자가 수정하고 있다."

AI는 도서관의 과업 영역 전반에 영향을 미치고 있다. 특히 다양한 분야에서 AI 기반 챗지피티가 활용되고 있으며 정보를 추출하기 위한 챗지피티 활용법 교육도 이루어지고 있다. 공공 도서관 사서들도 안내문 제작, 홍보 기사 작성 등에 챗지피티를 활용하고 있으며, AI 기술이 사서들의 업무를 효율적으로 보조할 수 있다고 인식하고 있었다.

"도서 검색에 활용할 수 있다."
"음성으로 도서관 책을 분류할 수 있을 것이다."

인공지능 기술의 자연어 처리, 음성 언어 인식, 이미지 처리 등으로 장서 검색 및 분류 등 장서 개발 및 자료 조직에 활용하는 것이 가능하다고 인식하고 있었다.

"이용자의 이용 행태 빅 데이터 분석을 통해 선호 공간, 선호 시기, 선호 콘텐츠를 정확히 분석해 푸시 기능에 의한 정보 제공과 출입 시 블루투스 연동 등을 통해 실시간 효율적 정보 서비스가 가능하게 하면 좋을 것 같다."

이용자 서비스 부분에서의 다양한 활용 방안으로 이용자 이용 행태 등의 빅 데이터 자료를 활용한 이용자 맞춤형 추천 서비스, 노인이나 장애인을 위한 안내 및 자료 제공 서비스 등 개인 맞춤형 정보 서비스에 대한 구체적이고 상세한 의견들을 제안했다. 도서관 이용자 서비스로 개인 도서 추천 알고리즘, GPS와 대출 이력 및 캘린더 등과 연동된 반납 안내, 원하는 도서 위치를 알려 주는 증강형 AR 안경, 장애인이나 노인들에게 음성이나 이미지로 책 찾아 주기, AI 기반 도서 추천 서비스, 도서관 이용 문의, 법률 검색이나 번역 관련 업무 등에 대한 제안이 있었다.

"현재 도서관 서비스에 깊이 들어온 AI 사례는 크게 없다고 생각되지만, 도서관 이용에 취약한 노인, 장애인 등 개인의 불편 사항에 대한 맞춤형 서비스와 안내를 제공하는 AI 서비스가 있으면 좋겠다."
"AI를 활용한 서비스가 대중의 관심을 끌고 있는 만큼 도서관에서도 메타데이터의 축적과 활용에 현재보다 더 큰 노력을 기울여야 할 것이다."

AI 기술이 다양한 분야에서 확산해 적용되고 있다는

것을 공공 도서관 사서들도 인식하고 있었다. 또한 AI 기술을 활용한 도서관 서비스 개발도 필요하며, AI 기술 적용 도서관 서비스 분야와 서비스 대상에 대한 면밀한 검토와 고민이 필요하다는 의견들이 있었다. 한편, 현재 AI를 활용한 도서관 서비스가 제공되고 있지만 다양한 AI 기술들이 도서관 서비스에 적용되기에는 한계가 있음을 인식하고 있었다. 또한 AI 서비스를 도서관에 도입하기에 앞서 이용자와 사서 대상 교육의 필요성을 인식하고 있었다.

공공 도서관의 과업 영역 및 과업 내용, 공공 도서관 사서들의 AI 기술을 활용한 도서관 서비스 제안을 바탕으로 AI 도서관 서비스 모델을 도출했다. 경영 관리 직무 분야에는 AI 기반의 대화형 업무 자동화 설루션 경영 관리, 지능형 예산 점검 및 관리 시스템을 통한 재무 관리, 제어 기술 로봇의 시설 관리 시스템을 구축할 수 있을 것이다.

장서 개발 직무 분야에는 자료 수집, 자료 정리, 장서 관리의 직무로 구분했다. 자료 수집을 위한 AI 통합 플랫폼 구축, 자연어 인식, 자료 수집 · 정리 등 지능형 서비스 모듈을 도입한 자료 정리 업무의 효율화 도모, 자율주행 로봇, 자율 선반 스캔 시스템, 드론 등 AI 기반 자동화 시스템을 통한 장서 관리 모델을 도입할 수 있다.

이용자 서비스 직무 분야에서는 현재 AI를 활용한 이용자 서비스 운영, 열람 대출 서비스, 정보 서비스, 이용 교육, 특수 계층 서비스, 순회 문고 및 상호 대차, 문화 프로그램 등 다양한 영역의 서비스를 제공하고 있다. 이러한 도서관 서비스에 AI는 이용자의 각종 음성 명령을 인식하고 수행하는 음성 비서 서비스를 제공할 수 있으며, 이용자 맞춤형 추천 서비스를 위한 로보어드바이저를 활용한 추천 서비스, 맞춤형 추천, 알고리즘 추천 등의 AI 검색 엔진 제공에 기술을 적용할 수 있다.

마지막으로 정보 시스템은 지능형 AI 플랫폼 시스템을 통한 보안 관리, 머신 러닝 기반 보안 자체 점검 설루션을 통한 도서관 시스템 관리에 활용하고 딥 러닝 알고리즘 기술을 활용해 도서관 홈페이지 배경의 자동 설정이나 카테고리 일부분을 변환하는 것에 AI를 활용할 수 있을 것이다.

공공 도서관 사서의 AI에 대한 인식

AI 같은 신기술에 대한 사용자의 가치 평가에 따라 기술을 사용하고자 하는 의도에는 다른 영향을 미친다. AI 기술에 대한 사람들의 긍정과 부정적인 감정은 AI 기술을 적용한 시스템의 배포, 채택 및 규제에도 영향을 미친다. 또한, 사용자의 긍정적 · 부정적 감정을 함께 고려함으로써 AI 기술을 활용하고 수용하기 위한 사용자의 의도를 파악할 수 있게 된다. AI 같은 신기술의 사용 의도는 기술의 실제 사용을 예측할 수 있는 중요한 요인이 될 수 있다. 따라서 도서관 서비스를 직접적으로 제공하는 사서들이 AI 기술을 도서관 서비스에 사용하고자 하는 사용 의도를 검증하기 위해서는 사용 의도에 영향을 미치는 요인들을 검증하는 것이 중요하다.

기술 준비도(technology readiness index, TRI)란 사용자가 새로운 기술에 대해 준비된 정도를 측정할 수 있는 척도라고 할 수 있는데, 낙관성(optimism) · 혁신성(innovativeness) · 불편함(discomfort) · 불안감(insecurity)의 네 가지 요인으로 구분된다. 그리고 기술 수용 모델(technology acceptance model, TAM)은 새로운 기술에 대한 사용자의 수용 태도를 측정하는 모형으로, 다양한 정보 기술 및 시스템의 채택 행동에 관한 연구에 적용된다. 사용 의도란 소비자가 제품을 지속적으로 수용하고자 하는 의도로, AI와 같은 신기술을 사용하기 쉽고 유용하다고 인식할수록 실제 사용에 대한 사용자의 태도와 의도는 긍정적으로 전환될 것이며 이는 곧

AI 기술 사용의 증가로 이어진다.

공공 도서관 사서의 AI 기반 기술의 사용 의도에 영향을 미치는 기술 준비도의 낙관성 · 혁신성 · 불편함 · 불안감 등 네 가지 요인과 기술 수용 의도의 지각된 유용성과 지각된 용이성 및 사용 의도를 측정하기 위한 설문 문항을 구성했다. 설문 조사 기간은 2023년 4월 10일부터 4월 26일 사이에 이루어졌고, 서울, 경기, 인천 지역의 31개 공공 도서관을 중심으로 현재 공공 도서관에 재직 중인 사서 416명을 대상으로 설문 조사를 진행했다(김지영, 2023).

조사 결과는 다음과 같다. 첫째, AI 기술에 대해 낙관성을 가지고 있는 사용자는 기술의 사용 의도에도 긍정적인 영향을 미치는 것을 알 수 있었다. AI 기술에 대해 긍정적인 사고와 태도를 가진 사용자는 기술의 사용이 쉽고 도서관 업무에 도움이 된다고 판단하며 궁극적으로 AI 기술을 활용한 도서관 서비스 개발 및 사용에도 적극적일 수 있다는 것을 보여 주었다.

둘째, 혁신 성향이 높은 사람들은 본인들의 필요를 충족하기 위해 신기술을 수용하거나 사용하는데, 다른 사람들의 도움이나 조언이 없이도 가능하며 신기술을 받아들이는 속도가 다른 사람들보다 빠르다는 특징이 있었다. 이러한 혁신성의 특징으로 볼 때 AI 기술에 대한 혁신성이 높은 사람일수록 적극적으로 AI 기술을 습득해 도서관 서비스에 적용할 수 있다고 스스로 판단한다는 것을 알 수 있었다.

셋째, AI에 대한 통제력이 부족하다는 인식과 기술에 압도당한다는 느낌이나 감정이 있을지라도 주관적 규범이나 사회적 압력이 사용 의도에 영향을 미칠 수 있음을 알 수 있었다.

넷째, 기술에 대한 기존의 불안감이 높은 사용자는 새로운 기술을 사용하는 것이 어렵고 복잡하며 기술의 효율성도 의심하게 된다는 것을 알 수 있었다. 이는 AI 기술을 도서관에 활용해 도서관 업무를 제대로 수행할 수 있을지에 대한 회의적인 태도와 불신으로 인해 결과적으로는 AI 기술을 도서관 업무에 활용하는 것을 주저한다는 걸 의미한다.

다섯째, 정보 시스템의 기술 수용 의도에서 지각된 유용성과 지각된 용이성은 지각된 유용성과 지각된 용이성이 기술을 사용하고자 하는 행위 의도에 가장 큰 영향을 미치는 요인임을 확인할 수 있었다. 기술 수용 요인은 AI 기술을 도서관에 활용하고 기술을 기반으로 다양한 서비스를 개발하고자 할 때 가장 중요하게 고려해야 할 사항이다.

여섯째, 낙관성이 높은 사람들이 신기술에 긍정적인 태도를 가지며 기술 수용에도 긍정적이다. 반면에 불안감은 혁신 기술의 수용 시기를 늦추게 하므로 기술 수용에 저해 요소가 될 수 있다.

이러한 결과를 통해 AI 기술과 같은 신기술에 대한 긍정적인 신념을 가지고 기술을 사용하고자 하더라도 일부의 부정적인 견해나 우려, 불안은 새로운 기술의 사용을 주저하게 만들 수 있다는 점을 알 수 있다. 즉, 기술 준비도가 높은 성향을 보인 사용자나 낮은 사용자 모두 기술에 대한 가치 평가에는 긍정과 부정이 동시에 존재하므로 AI 기술을 도서관 활용에 수용하고자 하는 사용 의도에는 각기 다른 영향을 미칠 수 있음을 시사한다. 특히, AI 기술에 대한 도서관 사서들의 사용 의도가 향상될 수 있도록 기술 이해력을 높이기 위한 사서 교육 강화와 AI 기술 활용 사례 체험 기회를 제공해야 할 것이다. 관계 기관과 데이터 공유 및 콘텐츠 개발 등 협력 네트워크를 구축함으로써 다양한 분야에서 활용되고 있는 AI 서비스를 체험할 기회를 제공할 필요가 있다. 또한 AI 기술을 편리하게 업무에 활용할 수 있는 시스템 구축 등 업무 환경 조성은 AI 기술에 대한 유용성과 용이성에 긍정적인 영향을 미칠 것이며, 이는 곧 사서의 직무 역량 고취와 업무 능력 향상에 직접적인 영향을 미칠 것이다.

참고문헌

김지영(2023). 《인공지능 기반 기술의 도서관 활용에 대한 공공도서관 사서의 수용의도 및 도서관 적용 모델에 관한 연구》. 상명대학교대학원 박사학위논문.

07

AI 리터러시와 도서관

AI의 발전은 정보의 생성, 분류, 접근 방식 등 정보 환경에 커다란 변화를 불러왔다. 정보 기술이 발전하면서 정보 리터러시, 디지털 리터러시, 데이터 리터러시 등 다양한 리터러시 역량이 요구되고 있다. 도서관은 AI 기반 정보 환경에 능동적으로 대응할 수 있도록 지원해야 할 지식 기관으로, 리터러시를 교육하고 실천하는 플랫폼으로 역할을 해 나가야 할 것이다.

AI와 애니메이션?

새로운 문해력 AI 리터러시

AI 시대 도서관은 정보의 자동화와 이용자 맞춤형 서비스 제공, 정보 접근 방식의 다변화, 데이터 분석 및 활용 역량 증대 등 정보 환경이 변화하고 있다. 이러한 변화는 도서관 이용자와 사서 모두에게 AI 리터러시(literacy)의 필요성을 증대했다.

리터러시는 전통적으로 '문자를 읽고 쓸 줄 아는 능력'을 의미했다. 그러나 정보 기술이 발전하면서 정보 리터러시(information literacy), 디지털 리터러시(digital literacy), 데이터 리터러시(data literacy)처럼 다양한 하위 개념이 등장했다. 리터러시는 단순히 문자를 읽고 쓰는 능력이었지만 이제는 다양한 미디어의 등장으로 새로운 형태의 리터러시가 요구되고 있으며, 현대 사회에서 요구하는 리터러시는 다양한 개념을 잘 이해하고 활용하며 비판적으로 수용할 수 있는 역량으로 정의할 수 있다.

정보 리터러시는 개인이 정보가 필요한 때를 인식해 필요한 정보를 찾고, 평가하고, 효과적으로 사용할 수 있는 능력이다(김용성, 2024). 따라서 정보 리터러시가 되려면 연구뿐만 아니라 비판적 사고에 대한 기술이 필요하다.

디지털 리터러시는 시의적절하고 관련성 있는 정보를

조사, 필터링, 분류 및 활용하는 능력뿐만 아니라 다양한 기술적 수단을 써서 효과적인 의사소통을 구축하고 논리적인 컴퓨팅 사고력을 계발하는 능력을 포함하는 것이다(Kreinsen & Schulz, 2023).

데이터 리터러시는 데이터를 비판적으로 수집, 관리, 평가 및 적용하는 능력이며, 전체 데이터 수명 주기에 걸친 광범위한 데이터 관리 분야와 더불어 데이터 처리 및 시각화를 포함하는 데이터 관리 분야가 포함된다. 데이터 리터러시는 사회적 · 환경적 맥락을 포함해 데이터 분석을 통한 의사 결정이 늘어날수록 중요성이 커진다(이정미, 2023). AI 리터러시는 이러한 개념들이 더 구체화하고 복합적으로 발전된 형태로, AI 시스템의 원리, 데이터 처리 과정, 알고리즘의 작동 방식 등을 이해하고, 이를 비판적으로 평가해 효과적으로 활용하는 능력을 의미한다(UNESCO, 2021). 따라서 AI 리터러시는 단순한 기술 이해를 넘어 윤리적이고 책임감 있는 활용까지 포함하는 총체적 문해력이라 정의할 수 있다.

이러한 AI 리터러시를 위한 핵심적인 영역은 다음과 같다. 첫째, AI와 데이터 이해가 필요하다. AI 기술의 기본 원리와 작동 방식을 이해하고, AI의 기반이 되는 데이터의 중요성을 인식하며 이를 해석하고 활용하는 능력이다. 둘째, 프롬프트 엔지니어링이 요구된다. AI에 효과적인 명령어나 질문을 제시해 원하는 결과를 얻어 내는 능력이다. 셋째, AI 활용 문제 해결 능력이 필요하다. 일상생활과 업무 환경에서의 다양한 문제를 AI 기술을 활용해 해결하는 능력이 요구된다. 넷째, AI에 대한 비판적 사고를 통해 AI의 한계와 잠재적 편향성을 인식하고, AI가 생성한 결과물을 비판적으로 평가할 수 있어야 하겠다. 다섯째, AI 사용에 따른 윤리적 문제와 사회적 영향을 인식하고 관련 법규와 정책을 이해하는 능력이 필요할 것이다.

도서관의 AI 리터러시

도서관은 오랜 역사 속에서 지식과 정보를 연결하는 중요한 사회적 기관의 역할을 담당해 왔다. 그러나 AI 시대를 맞아 도서관은 단순히 정보 제공을 넘어, 시민들이 데이터를 이해하고 AI를 활용하며 비판적으로 접근할 수 있도록 지원해야 하는 보다 적극적인 교육 기관으로 변화할 필요가 있다(IFLA, 2020). AI 리터러시를 위한 기초 역량으로는 데이터 리터러시와 디지털 리터러시에 대한 이해와 교육이 필요하다. 데이터를 수집하고 처리하는 기술을 습득하는 것뿐만 아니라 데이터를 분석하고 활용할 수 있는 능력을 키우는 것이 중요하다. 이러한 능력은 디지털 리터러시 교육을 통해 AI 리터러시 역량으로 발전할 수 있을 것이다. 이를 위해 도서관이 제공하는 리터러시 교육의 범위는 점점 더 구체적이고 실질적이어야 한다.

AI 리터러시는 단순한 기술 학습이 아닌, 디지털 사회를 살아가는 시민으로 권리와 의무를 다하기 위한 핵심 역량이다(한국지능정보사회진흥원, 2023). 이를 위해 국내외 여러 도서관은 다양한 방식으로 AI 리터러시 프로그램을 운영하고 있다.

국립중앙도서관은 2025년 3월, 2021년에 첫 도입된 '실감서재'를 AI 테이블 등을 통해 본격적으로 업그레이드한 'AI 실감서재'를 선보였다. 이 공간은 실물 도서와 대형 프로젝션 매핑 기술을 결합해 "당신의 독서 취향을 묻다"라는 경험을 핵심으로, 이용자가 책을 디지털 테이블에 올리는 순간 AI 기반 요약, 시각 · 청각 콘텐츠 큐레이션, 개인별 맞춤형 정보 제공 등 감각적 독서 경험을 제공한다. AI 기술이 제공하는 자동 큐레이션은 이용자 개개인의 독서 이해도와 관심에 따라 정보 접근을 돕고, 더 나아가 비판적 정보 리터러시를 유도하는 역할까지 수행한다(국립중앙도서관, 2025.3.12).

국내 공공 도서관에서 계층별로 다양한 AI에 관한 강좌, AI 교육 · 체험 프로그램 등을 운영한 사례들이 있다. 먼저 국립중앙도서관에서는 2023년 9월 'AI 아트를 활용한 인공지능 창작 교육'을 줌(ZOOM)을 통해 실시간으로 진행하였으며, 참여자들은 AI 아트 개요 및 미드저니(Midjourney) 등 AI 이미지 생성 도구를 체험할 수 있었다. 울산남부도서관에서는 어린이 이용자를 대상으로 AI 독서 로봇 '포메(PO-ME)'를 활용한 독서 체험 행사를 운영했다(민창연, 2025.1.15). 영등포 문래도서관은 인스타페이 '오써키즈앱'을 적용한 'AI와 함께 그림책 만들기' 체험을 통해 만든 책을 e북 · 종이책으로 즉시 출간해 국립중앙도서관 서지 등록 및 교보문고에서 판매하는 프로그램을 운영했다(장세민, 2024.8.7). 목포공공도서관은 초등학생 대상 AI 체험 교실을 열어 "AI 스마트 그린시티"라는 주제로 기계 학습 원리 기반의 AI 프로젝트와 창의 워크숍을 운영하기도 했다(전라남도교육청, 2023.2.9).

핀란드의 헬싱키중앙도서관 '오디(Oodi)'는 시민을 대상으로 AI 기초 교육을 정기적으로 제공하고 있다. 특히 핀란드 정부와 헬싱키대학교가 공동 개발한 'AI의 요소(Elements of AI)' 온라인 과정을 오프라인 교육과 연계해, 누구나 기계 학습과 알고리즘의 기초 원리를 쉽게 접할 수 있도록 했다. 이 도서관은 AI 리터러시를 시민의 디지털 권리로 간주하고, 이를 위한 실천 거점이 되고 있다(한국지능정보사회진흥원, 2023).

미국의 퍼듀대학교(Purdue University)와 미시간대학교(University of Michigan)가 공동 운영하는 도서관과 정보 전문가들이 개발한 데이터 정보 리터러시 사례 연구 디렉터리(Data Information Literacy Case Study Directory)는 '데이터 정보 리터러시(data information literacy, DIL)' 교육 사례를 모아놓은 공개 저장소로, 교육자와 도서관이 맞춤형 수업을 설계하고 실제 활동을 체험할 수 있는 유용한 정보원이다. 각 사례에는 수업 계획서, 수업 자료, 과제, 평가 루브릭 등 실질적 학습 요소가 포함되어 있다. 제공하는 자료들은 모두 CC-BY 라이선스로 누구나 자유롭게 사용할 수 있다. 이 디렉터리는 다양한 학문 분야와 대상, 실습 중심의 사례로 구성되어 있어 도서관 및 교육 현장에서 AI 및 데이터 리터러시 교육을 설계하고 확장하는 데 유용한 정보원으로 활용될 수 있다.

도서관이 제공하는 AI 리터러시 프로그램은 AI에 대한 이해를 돕기 위한 이론을 전달하고 AI 기술을 체험할 수 있는 프로그램을 균형 있게 제공해야 한다. 도서관의 AI 리터러시 전략으로는 첫째, 도서관을 이용하는 어린이, 성인, 노인 등 다양한 이용자를 대상으로 계층별 맞춤형 리터러시 프로그램을 기획해야 한다. 둘째, 데이터와 AI 기술을 직접 체험할 수 있는 장비를 갖추고 메이커스페이스 공간을 제공해야 한다. 셋째, 도서관을 비롯한 지역의 대학, 기업 등과 협력 네트워크를 구축해 리터러시 콘텐츠를 개발하고 예산 및 우수한 인력을 확보할 필요가 있다. 이러한 전략을 바탕으로 도서관은 AI 리터러시를 통해 이용자의 정보 역량을 높이며, 사서가 AI 리터러시의 전문적 인력으로 성장할 수 있도록 지원이 필요하다.

참고문헌

김용성(2024). 《AI 리터러시: 인공지능 필수 지식부터 완벽 활용까지》. 프리렉.

국립중앙도서관(2025.3.12). "국립중앙도서관, 'AI실감서재'로 당신의 독서 취향을 묻다".

국립중앙도서관(n.d.). "디지털 미디어 창작 활용 교육". https://nl.go.kr/NL/contents/N30901000000.do

민창연(2025.1.15). "울산남부도서관, AI 독서로봇 활용 어린이 독서 체험 프로그램 운영". 울산신문. https://www.ulsanpress.net/news/articleView.html?idxno=

543370
이정미(2023). "ChatGPT, 생성형 AI 시대 도서관의 데이터 리터러시 교육에 대한 연구". 《한국문헌정보학회지》, 303~323쪽.
장세민(2024.8.7). "인스타페이, 영등포 공공도서관에 AI 창작출판 체험프로그램 운영". AI TIMES.
https://www.aitimes.com/news/articleView.html?idxno=162308
전라남도교육청(2023.2.9). "내 손으로 만드는 AI 스마트 그린시티".
한국지능정보사회진흥원(2023). "디지털 심화 시대, 디지털 리터러시 강화 방안". 《디지털플랫폼정부(DPG) 시리즈》, 2023-3.
ALA. Information Literacy.
https://literacy.ala.org/information-literacy/
Data Information Literacy Case Study Directory(DILCS).
https://docs.lib.purdue.edu/dilcs/
Elements of AI. https://www.elementsofai.com
IFLA(2020). IFLA Statement on libraries and artificial intelligence. International Federation of Library Associations.
Kreinsen, M., & Schulz, S.(2023). Towards the triad of digital literacy, data literacy and AI literacy in teacher education – A discussion in light of the accessibility of Novel Generative.
https://edarxiv.org/xguzk/
UNESCO(2021). AI and education: Guidance for policy-makers.
https://doi.org/10.54675/PCSP7350

08
AI 윤리와 도서관

AI 기술은 도서관의 업무 효율을 높이고, 이용자 맞춤 서비스를 가능케 하며, 정보를 조직하고 추천할 수 있는 도서관의 핵심 기술로 부상하고 있다. 하지만 AI 도서관 서비스를 제공하기 위해서는 AI에 대한 비판적 사고와 평가 역량이 중요하다. AI의 편향된 알고리즘, 프라이버시 침해 우려, 설명할 수 있는 AI의 부재, 책임의 모호성 등 윤리적 문제를 이해하고 접근해야 할 필요가 있다.

AI와 인재 채용?

AI의 윤리적 이슈

디지털 혁신이 가속화되면서 AI는 정보 환경 전반에 걸쳐 커다란 변화와 기회를 가져왔다. 최근 도서관 업무에도 AI의 활용이 확대되고 있다. AI 기술은 이용자 맞춤형 정보 추천, 자료 자동 분류, 정보 서비스 자동화 등 도서관 서비스의 효율성과 접근성을 획기적으로 향상하고 있다(Hanson & Okorie, 2024). 그뿐만 아니라 AI는 도서관 프로그램에 활용되는 홍보 포스터 제작, 독서 프로그램 운영 기획, 이용자 데이터 분석까지 다양한 업무에 활용되고 있다. 하지만 AI 기술을 활용하는 과정에서 고려해야 할 AI의 윤리적 · 법적 문제들이 존재한다. 도서관 업무에 활용되는 AI 기술에 대한 윤리적 · 법적 문제들로는 추천 알고리즘의 공정성과 편향, 생성형 AI와 환각(hallucination), AI와 저작권, 데이터 분석과 개인 정보 보호 등이 있다.

첫째, AI 추천 알고리즘의 공정성과 편향의 문제다. AI 추천 알고리즘은 데이터를 학습해 결과물을 제시하는 것으로, 여기에 활용되는 데이터는 사회적 편견과 차별을 그대로 반영할 수 있다. 예를 들어, 특정 성별이나 인종, 연령대 이용자의 데이터가 부족하면 부정확하거나 차별적인 정보 추천이 나타날 수 있다(Hanson & Okorie,

2024).

도서관에서 도서 추천 목록을 작성할 때 생성형 AI인 챗지피티를 활용하기도 한다. 이때 AI는 '가장 많이 대출된 책', '가장 많이 검색된 키워드'를 중심으로 결과물을 제시한다. 이렇게 보이는 결과물은 특정 분야나 인기 작가의 도서 목록을 제시하는 등 편향된 결과를 제시할 수도 있고, 유명하지 않은 작가의 책이나 검색이 많이 되지 않은 새로운 주제의 책은 추천하지 않을 수 있다.

이러한 편향 문제는 공공 기관인 도서관이 추구하는 공공성과 중립성이라는 가치와 충돌할 수 있다. 사서는 AI의 추천 결과를 그대로 활용하기보다는 다양한 주제와 관점을 반영했는지 점검하고, 직접 목록을 확인해 조정할 필요가 있다.

둘째, 생성형 AI와 환각 문제다. AI의 환각 현상은 AI가 실제로 존재하지 않는 정보를 마치 사실인 것처럼 제시하는 현상을 말한다(김용성, 2024). AI는 학습 데이터를 바탕으로 확률이 높은 답변을 생성한다. 이 과정에서 실제로 존재하지 않는 정보를 만들어 내거나 잘못된 정보를 사실처럼 제시하는 현상을 AI의 환각 현상이라고 한다. 도서관에서 문화 프로그램 또는 행사와 관련해 보도 자료를 작성하거나 독서 프로그램을 기획할 때, 구글

제미나이(Gemini), 챗지피티 등 생성형 AI를 활용하는 사례도 늘고 있다. AI에 "청소년 독서 프로그램에 어울리는 제목과 내용을 써 줘"라고 입력하면 그럴듯한 계획안을 보여 준다. 그러나 작성된 계획안이 어떠한 근거를 바탕으로 만들어졌는지가 명확하지 않다. 특히 생성형 AI는 실재하지 않는 책의 제목, 출처 없는 통계 수치, 존재하지 않는 기관명을 사실처럼 제시하는 경우가 많다. AI의 결과물을 검토 없이 활용해 사용하기 이전에 자료의 사실 여부를 확인하고, 출처를 명시하거나 문장을 검토 및 수정하는 작업이 이루어져야 할 것이다.

셋째, AI와 저작권 문제다. 최근에 챗지피티 무료 이미지 스타일 사진을 만들어 주는 게 선풍적인 인기를 끌면서 각종 소셜 미디어의 얼굴 사진들을 유명 애니메이션 화풍으로 재생성해서 바꾸는 새로운 유행을 만들었다. 도서관의 홍보 포스터나 간단한 안내문에 이미지를 삽입하기 위해 AI 이미지 생성 도구를 사용하면 간단하고 빠르게 제작할 수 있다. 하지만 문제는 이 이미지들이 어떤 자료를 바탕으로 만들어졌는지 불분명하다는 데 있다.

일부 생성형 AI는 학습 데이터로 수많은 작가의 그림, 삽화, 사진을 무단 수집한 것으로 알려져 있다. 이를 기반으로 만든 이미지가 특정 작가의 스타일을 모방하거나 유사한 형태를 띠게 된다면, 나도 모르게 학습 데이터에 포함된 다른 사람의 창작물을 표절하는 것과 같은 일이 발생할 수 있다(김수민 · 백선환, 2023). 따라서 이미지 생성 도구를 활용하고자 할 때 해당 도구가 사용하는 학습 데이터의 출처와 라이선스를 확인하고 저작권이 분명한 결과물만을 활용하는 것이 바람직할 것이다.

넷째, AI가 학습하는 데이터 분석과 개인 정보를 활용해 발생하는 개인 정보 보호 문제다. AI 기반 도서관 서비스는 이용자의 검색 기록, 대출 내역, 개인 취향 등 민감 정보 자료를 수집하고 분석해 개인 맞춤형 추천 정보 서비스를 제공한다. 이러한 과정에서 프라이버시 침해 문제가 불가피하게 제기된다(Wang & Xu, 2024). 사용자의 데이터가 AI 시스템을 통해 지나치게 수집되거나, 그 데이터가 도서관 외부의 플랫폼과 공유되면 이용자의 개인 정보 보호에 심각한 위험을 초래할 수 있다(Gajbhiye, 2024). 이러한 문제를 예방하기 위해 AI 도서관 서비스를 운영하는 과정에서 필요한 조치들이 있다. 활용되는 데이터를 암호화하고 익명화(anonymization)하는 등의 기술적 보호 조치를 취해 민감한 정보를 안전하게 사용할 수 있도록 해야 한다(Sposito et al., 2024).

또한, 도서관은 이용자가 동의하고 정보 활용에 대해 이해할 수 있도록 개인 정보 처리 방침을 마련하고, 최소한의 데이터만을 수집해야 한다.

도서관의 방향

도서관은 윤리적 · 사회적 책임을 수행하는 플랫폼이어야 한다. AI를 활용한 도서관 서비스 제공에 앞서 윤리적인 문제를 함께 고려해야 할 것이다. 그렇다면 도서관이 AI 윤리 문제에 대응하기 위해 고려해야 할 과제들은 무엇일까?

첫째, 도서관은 AI 윤리 거버넌스를 구축해야 한다. 이는 단순히 기술 도입을 넘어, AI 시스템의 개발 · 도입 · 운영 과정 전반에 걸쳐 윤리적 검토 절차를 마련하는 것을 의미한다(Mishra,2023). AI를 활용한 자료 추천 서비스나 자동 분류 시스템 설계 등 도서관 서비스를 기획할 때, 이용자의 권리 보호, 다양성 확보, 편향성 문제 등을 사전에 검토하고 반영해야 한다. 이러한 AI 윤리 거버넌스를 구축하기 위해서는 내부 윤리위원회 설치, 외부 전문가 참여, 시민 의견 수렴 등 민관 협력을 통해서 지침을 마련하는 것이 필요하다.

둘째, 도서관은 설명 가능성(explainability) 원칙을 준수해야 한다. 인공지능에 관한 고위급 전문가 그룹(High Level Expert Group on Artificial Intelligence, 2019)은 AI 윤리의 기본 원칙 중 하나로 설명 가능성을 제시했으며, 경제협력개발기구(OECD)는 "AI 원칙과 정책 권고(OECD Principles on Artificial Intelligence)"를 통해 투명성, 책임성, 인간 중심성을 원칙으로 제시한 바 있다. 설명 가능성 원칙에 따르면 AI의 결과물 도출 과정과 결과를 명확하게 설명할 수 있어야 한다. 즉, AI가 도출한 결과물을 이해할 수 있도록 이유와 논리 구조를 제공해야 한다. 예를 들어, 이용자에게 추천 도서에 대한 결과물을 제시했을 때 "왜 이 책이 추천되었는가?"라는 질문에 대해 명확한 근거를 제시하지 못한다면 이용자에게 불신을 줄 수 있다. AI가 도출한 결과물에 대한 정보가 어떻게 구성되고 왜 선택되었는지를 설명할 수 있어야 한다. 현재 국내에는 도서관 AI 서비스와 관련한 명확한 원칙 또는 규정이 존재하지 않는다. 향후 AI 활용에 관한 법제 정비와 설명 가능성 원칙을 확보할 수 있는 표준 지침 마련이 필요할 것이다.

셋째, 도서관은 AI 윤리 교육을 제공해야 한다. AI 시대에는 단순한 정보 검색 능력뿐 아니라 AI 기술의 이해, 활용, 윤리적 문제를 이해하고 판단할 수 있는 능력이 중요하다. 이러한 능력은 도서관 이용자뿐만 아니라 사서에게도 요구된다. 먼저 도서관은 이용자들을 위한 AI 윤리에 대한 이해를 바탕으로, 능동적으로 AI 기술을 이해하고 활용할 수 있도록 지원해야 한다. 그 사례로 핀란드 헬싱키중앙도서관 오디가 제공하는 시민을 대상으로 하는 'AI의 요소(Elements of AI)' 온라인 과정이 있다. 이 과정은 AI의 개념을 비롯해 AI 문제 해결, 현실 세계의 AI 의미 등 다양한 AI 커리큘럼을 제공한다. 도서관 사서는 AI 기술을 활용하고 제공하는 것 못지않게 윤리적 판단 능력, 데이터 해석력, 도서관 교육 과정 개발 역량도 요구된다. 즉, 사서는 정보의 수집 · 정리 · 제공에만 머무르지 않고, AI 기술의 사회적 맥락과 그로 인한 문제점까지 함께 조망할 수 있는 AI 윤리 실천가로의 임무를 수행해야 한다.

넷째, 도서관은 공정성을 위한 사회적 여건을 조성해야 한다. 도서관의 공공재적 특성에 부합하는 AI 시스템 교육, 서비스 기술 등에 대한 접근에 평등한 기회를 부여하는 사회적 요건을 조성해야 한다(High Level Expert Group on Artificial Intelligence, 2019). 과학기술정보통신부(2020)는 "AI는 지능 정보 사회에서 소외되기 쉬운 사회적 약자와 취약 계층의 접근성을 보장하도록 개발하고 활용되어야 한다"라고 사회의 공공선 원칙을 제시했다. AI 개발 및 활용은 포용적 접근을 통해 특히 청소년과 고령자, 장애인 등 디지털 소외 계층 등을 위한 맞춤형 교육 제공으로 인류의 보편적 복지 향상에 이바지해야 함을 강조했다. 도서관은 AI 기반 서비스를 제공하되, 누구도 배제되지 않도록 포용적 서비스 설계를 지향해야 한다. 예를 들어, 음성 인식 기반의 정보 검색 인터페이스는 시각 장애인을 포함한 정보 취약 계층도 정보에 접근할 수 있는 이용 환경을 제공할 수 있다. AI의 사회적 공정성을 구현하는 실천 공간으로서 도서관의 역할이 강조된다.

도서관에서 AI 기술의 도입과 활용은 필연적이지만, 이 과정에서 발생할 수 있는 다양한 윤리적 · 법적 문제에 대한 세심한 고려가 필요하다. 알고리즘의 공정성, 프라이버시 보호, 데이터 투명성, 디지털 소외 방지, 공정성 확보 등 다양한 측면에서 균형 잡힌 접근이 요구된다. 도서관은 AI 시대에 단순한 정보 제공자가 아니라 윤리적 · 사회적 책임을 수행하는 공공 기관의 임무를 수행해야 할 것이다.

참고문헌

과학기술정보통신부(2020). "인공지능 윤리기준". https://www.msit.go.kr/bbs/%20view.do?sCode=user&mPid=112&mId=113&bbsSeqNo=94&nttSeqNo=%203179742

김수민·백선환(2023). 《챗GPT 거대한 전환》. 알에이치코리아.

김용성(2024). 《AI 리터러시: 인공지능 필수 지식부터 완벽 활용까지》. 프리렉.

Gajbhiye, C. K.(2024). Impact of Artificial Intelligence (AI) in Library Services. *International Journal For Multidisciplinary Research, 6*(3), pp.1~12.

Hanson, E. D., & Okorie, U. U.(2024). The roles of Artificial Intelligence in library automation: The prospects and challenges. *Erudite Compendiums in Education*, pp.13~23.

High Level Expert Group on Artificial Intelligence(2019). Ethics guidelines for trustworthy AI. https://digital-strategy.ec.europa.eu/en/library/ethics-guidelines-trustworthy-ai

Mishra, S.(2023). Ethical implications of artificial intelligence and machine learning in libraries and information centres: A frameworks, challenges, and best practices. *Library Philosophy & Practice.*

OECD(2019). OECD Principles on Artificial Intelligence. https://archive.epic.org/algorithmic-transparency/OECD-AI-Principles-flyer.pdf

Sposito, S. L., et al.(2024). An anonymization library for rapid and diverse anonymization of Brazilian personal data. Anais Estendidos do XX Simposio Brasileiro.

Wang, F. Y. & Xu, H. T.(2024). Research on the Application and

Frontier Issues of Artificial Intelligence in Library and Information Science. *Voice of the Publisher, 10,* pp.357~368.

09
AI 시대 사서의 역할

AI 기술이 도서관에 도입되면서, 챗봇을 통한 자료 검색, 알고리즘 기반 도서 추천, 도서관 안내하는 로봇 등 새로운 도서관 서비스가 등장하고 있다. 그렇다면 사서는 무엇을 해야 할까? 이 질문은 사서의 역할뿐 아니라 도서관의 정체성에 대한 물음이기도 하다. AI 시대에 사서는 정보의 바다에서 신뢰할 수 있는 정보를 선별하고 그 가치를 해석할 수 있는 전문성이 필요하다.

AI와 기자?

AI 시대, 사서의 역할

"기계가 책을 추천하고, 로봇이 대출을 관리한다면, 도서관 사서는 더는 필요 없는 직업이 될까?" 수많은 직업이 AI로 인해 사라지거나 사람이 해 왔던 영역이 사람의 지능과 능력을 뛰어넘는 AI로 대체될 것이라는 우려가 생겨나고 있다. 도서관에서 활용되는 AI는 자료를 자동으로 분류하고, 데이터로 이용자 맞춤형 도서를 추천할 수 있으며, 챗봇은 이용자의 질문에 실시간으로 응답한다. 이처럼 AI가 할 수 있는 다양한 도서관 서비스 영역이 증가하면서 도서관 사서의 역할에 대해 새로운 방향성을 정립할 필요가 있다.

세계경제포럼(World Economic Forum, WEF)의 《미래 일자리 보고서 2023(Future of Jobs Report 2023)》에 따르면, "AI · 자동화가 단순 직무를 빠르게 대체하는 반면, 창의적 문제 해결력, 정보 해석 능력, 윤리적 판단이 요구되는 직무는 더욱 중요해질 것"이라고 했다. 이는 도서관 사서의 역할이 반복 업무에서 해방되어 정보 윤리 관리자, 디지털 리터러시 교육자, 지역 사회 맞춤형 서비스 설계자로 확장될 수 있음을 시사한다(World Economic Forum, 2023).

또한, 세계경제포럼은 미래 유망 직업군으로 '지식 중

재자', '학습 촉진자', '정보 격차 해소 전문가'를 제시했다. 특히 디지털 정보 환경에서 인간의 언어와 감정을 이해하고 해석할 수 있는 전문직이 중요할 것이라 전망했다. AI로 정보를 제공하는 도서관, 도서관 서비스를 기획하고 운영하는 사서가 미래에 더욱 필요할 것으로 예측해 볼 수 있다.

AI 기술의 발전은 단지 일자리를 대체하는 것이 아니라 직무의 성격과 역량의 기준 자체를 재편하고 있다. 세계경제포럼이 《세계 일자리 보고서 2025》에서 제시했듯, 많은 기업은 기술 때문에 일자리를 잃을까 두려워하기보다 오히려 새로운 기술 환경에 적응할 인재가 부족하다는 점을 더 크게 우려하고 있다. 이러한 변화의 흐름 속에서 도서관 사서도 예외가 아니다.

AI 기반 자동화 시스템이 대출과 반납, 색인, 자료 추천 등의 기능을 빠르게 대체하고 있는 현실에서, 사서는 새로운 정보 환경에 적응할 수 있는 '리스킬링(reskilling)'과 기존 역할을 확장하는 '업스킬링(upskilling)' 전략이 반드시 요구되는 전문가다.

정보 과학, AI, 디지털 아카이빙, 자연어 처리 등과 같은 새로운 기술 영역에 대한 학습은 사서 개인에게는 역량 재정립의 기회이자, 조직 차원에서는 미래 서비스를 설계할 수 있는 전략적 기반이 된다. 다행히 최근 온라인 학습 플랫폼을 통해 누구나 학력과 관계없이 동일한 시간 내에 디지털 기술 활용 능력을 습득할 수 있는 학습 환경이 조성되고 있다. 이는 공공 도서관과 대학 도서관이 사서의 평생 학습을 실현할 수 있는 학습 거점으로 진화할 기회이기도 하다.

특히 조직 차원에서는 '기술 도입' 그 자체보다도 이를 운용할 수 있는 사람에 대한 재교육이 필수적이다. 이미 많은 기업이 내부 인력을 리스킬링하는 데 집중하고 있으며, 이를 전략적으로 우선순위에 둔 기업은 그렇지 않은 기업에 비해 매출 증가율이 36% 더 높은 것으로 나타났다(박영숙 · 제롬 글렌, 2023). 도서관도 마찬가지다. 급변하는 정보 기술 환경에서 외부 전문가에만 의존할 수 없으므로 내부 사서의 재교육과 직무 전환 투자는 도서관의 지속 가능성과 직결되는 문제다.

AI로 인해 단순하고 반복적인 업무는 대체할 수 있지만 데이터의 해석, 리터러시 교육, 편향적 알고리즘의 검토, 윤리적 중재 등 사서들이 개입해 제공할 업무가 증가할 것이다. AI 시대 필요한 핵심 역량은 고차원적 사고와 해석 능력이며 사서는 기술 변화에 따른 역량을 길러 미래 도서관의 핵심 인력이 되어야 한다.

AI 시대, 사서의 과제

AI로 반복적이고 정형화된 작업을 능숙하게 처리할 수 있게 되면서, 사서는 AI가 해낼 수 없는 기획력과 해석력이 필요하게 되었다. 이에 따라 사서는 데이터와 자료를 해석하고, 특정 이용자 집단의 요구에 맞게 콘텐츠를 기획하고 구성하는 지식 큐레이터의 역할로 전환되고 있다(Bawden & Robinson, 2022).

도서관의 문화 프로그램 및 행사를 운영하거나, 계층별 이용자 대상 맞춤형 도서 목록 추천, 독서 동아리 운영 등과 같이 사서가 도서관에서 수행하는 다양한 업무들은 AI가 수행할 수 없는 영역이다. 이러한 도서관에서 제공하는 다양한 프로그램을 기획하기 위해서 사서는 문헌 간의 맥락적 연결, 지역 사회의 문화적 특성에 대한 이해, 다양한 이용자 계층을 아우르는 정보 감수성이 필요하다.

AI 기반 정보 서비스가 확장될수록 활용 데이터에 대한 윤리적 책임과 해석적 통찰이 더욱 중요해진다(Chauhan, 2024). AI는 학습된 데이터를 기반으로 추천 결과나 검색 결과를 도출한다. 이러한 AI가 도출해 낸 결과에는 알고리즘 편향, 프라이버시 침해, 정보 여과 현상 등의 문제가 내재할 수 있다. 사서는 이러한 기술의 한계를 인식하고, 이용자에게 균형 잡힌 정보 접근을 보장하기 위해 중재자로 기능해야 한다(Crawford, 2021/2022).

만일 특정 정치 이슈에 대한 AI의 도서 추천 알고리즘이 특정 성향의 자료만 반복적으로 노출할 경우, 이를 점검하고 균형 있는 주제 다양성을 확보하도록 사서가 판단하고 조정할 수 있어야 한다. 또한, 사서는 AI가 수집한 이용자 데이터가 어떻게 활용되고 있는지를 설명할 수 있어야 한다.

AI 시대에 이용자는 수많은 데이터 속에서 신뢰할 수 있는 정보를 활용할 수 있어야 한다. 이를 위해, 도서관은 정보 문해력을 기르는 교육 기관으로서의 역할을 다하며, 사서는 그 핵심 임무를 수행해야 한다(IFLA, 2006).

특히 자연어 검색, AI 챗봇, 데이터 시각화 도구 등 AI 도구를 활용하기 위해서는 새로운 형태의 디지털 리터러시가 필요하다. 사서는 이러한 기술들을 이해하고 이용자에게 AI 활용법을 교육하는 역할을 담당해야 한다(국립중앙도서관, 2024). 사서는 정보를 어떻게 제시할 것인지, 어떤 맥락에서 해석할 것인지, 그리고 누구에게 어떤 방식으로 전달할 것인지를 결정한다. AI는 사서를 대체하는 기술이 아니라 사서의 역할을 재정의하고 확장하는 도구에 지나지 않는다. AI 시대의 사서는 신뢰할 수 있는 정보를 선별하고 그 가치를 해석할 수 있는 고유한 전문성을 갖추어야 할 것이다.

참고문헌

국립중앙도서관(2024). "싱가포르도서관협회, AI 시대 사서의 역할에 관한 싱가포르국립대학교 도서관팀 연구자료 소개". https://librarian.nl.go.kr/LI/contents/L30303000000.do?schM=view&id=48980

박영숙·제롬 글렌(2023). 《세계미래보고서 2024-2034》. 교보문고.

Bawden, D., & Robinson, L.(2022). *Introduction to information science(2nd ed.).* Facet Publishing.

Chauhan, C.(2024). Artificial intelligence in libraries: Opportunities and challenges. *Naveen Shodh Sansar, 1*(48), pp.258~262.

Crawford, K.(2021). *Atlas of AI: Power, politics, and the planetary costs of artificial intelligence.* Yale University Press. 노승영 옮김(2022). 《AI 지도책》. 소소의책.

IFLA(2006). Guidelines on information literacy for lifelong learning. International Federation of Library Associations and Institutions.

World Economic Forum(2023). Future of Jobs Report 2023. https://www.weforum.org/publications/the-future-of-jobs-report-2023

World Economic Forum(2025). Future of Jobs Report 2025 – digest. https://www.weforum.org/publications/the-future-of-job

s-report-2025/digest

10

AI 전략과 도서관

AI 기술은 정부 정책과 공공의 영역 전반에 적용되고 있다. 미국, 유럽, 중국, 일본 등 주요 국가들은 AI 국가 전략을 수립하고 있으며, 교육, 행정, 복지 분야 등 폭넓은 분야에 AI를 활용하고 있다. AI 도서관 서비스로 발생하는 다양한 문제에 대처할 수 있도록 기준과 지침을 마련해 AI 기술 활용의 안정성을 확보하고, 이용자에게 신뢰할 수 있는 정보 서비스를 제공, 해야 할 것이다.

AI와 미래 의사?

세계 주요국의 AI 전략 동향

기술의 급속한 발전과 AI의 사회적 확산은 국가적 차원의 전략 수립을 촉진했다. 세계 각국의 AI 전략은 국가 경쟁력 확보를 위한 기반 기술과 경제, 사회 혁신을 목표로 하며, 미국 · 유럽연합(EU) · 일본 · 대한민국 등 주요국들은 AI 활용을 위한 각각의 전략을 수립했다(소프트웨어정책연구소, 2025). 도서관도 AI 기술을 전략적으로 활용하고 책임 있는 서비스 대응 전략이 필요한 시점이다.

미국은 국가인공지능자문위원회(National Artificial Intelligence Advisory Committee, NAIAC)가 2025년 1월 28일 회의에서 AI 기술의 사회적 · 경제적 기회와 영향을 평가하고, 획기적인 혁신, 탄탄한 인력 개발, 기관 간 협력, 그리고 더 광범위한 도입을 촉진하는 안전 및 표준을 지원하기 위한 권고안을 승인했다. 이 보고서는 행정부가 미국의 AI 지도력과 경쟁력을 지속적으로 강화하는 목표를 달성할 기회를 제공하고자 10가지 AI 정책 쟁점과 5가지 핵심 과제를 제시했다. 10가지 쟁점의 주요한 사항으로 인력 분야에서는 AI 기술에 따른 일자리 환경 변화에 대응하기 위해 인력 개발 및 근로자 지원을 위한 기관 간 전략적 발전을 제시했다. AI 인식 및 문해력 분야에서는 미국인을 대상으로 학습 자료와 프로그램을 제공해 AI에 대한 기본적인 이해를 도모했다. 교육 분야에서는 AI 학습 과정 및 도구 개발을 촉진하고 주요 이해관계자를 참여시키는 방안을 제시했다. 과학과 건강 부문에서는 조정 기구를 통한 자금 지원으로 과학 및 의료 분야의 AI 시스템 개발을 권고했다. 정부는 AI 시스템의 안정성을 확보하고자 지침의 필요성을 제안하고 인력과 자원을 제공하는 내용을 포함했다. 중소기업, 기업가 및 비영리 단체의 AI 역량 강화를 위해 부처와 정부가 협력해 공공-민간 협력을 통해 지원하는 방안을 권고했다(NAIAC, 2025.1.28).

유럽 연합은 '디지털 단일 시장'이라는 큰 생태계 조성을 목표로, AI · 데이터 · 로봇 등에 관한 개별 기술에 초점을 맞추기보다는 이들을 포함한 포괄적 전략을 추진하고 있다. 2021년 4월, EU 집행위원회(EC)는 AI 개발과 활용에 대한 신뢰 확보, 기본권 보장, 이용자 안전 강화 등을 목표로 하는 AI 법안을 제안했다. 이 법안은 2024년 5월 유럽이사회에서 최종 승인된 후 8월 1일 공식 발효되었다. 이 법은 위험 수준에 따라 차등적 규제를 적용했으며 범용 AI 모델에도 투명성 의무 부과, 위반의 중대성에 따른 차등 과징금 적용 등의 내용을 포함하고 있다.

EU 집행위원회는 2024년 1월, AI 혁신 패키지를 발표했으며 이 혁신 패키지는 AI 스타트업과 중소기업 지원을 위한 정책을 포함하고 있다. 또한, 2024년 3월에는 연구자, 연구 기관, 연구 자금 지원 기관을 대상으로 책임 있는 AI 사용을 안내하는 지침을 발표했다.

일본은 2019년 3월에 "AI 전략 2019"를 발표해 산업 활력 제고와 저성장·고령화 등 사회 문제 해결을 위한 수단으로 AI 기술 혁신을 가속하고 응용 인재 연 25만 명, 고급 인재 연 2000명과 최고급 인재 연 100명 양성을 목표로 함으로써 산업 경쟁력 확보와 함께 사회 문제 해결을 동시에 해결하기 위한 전략을 수립했다(과학기술정보통신부, 2019.12.17). 일본은 최근 기업·행정 업무 지원을 위한 챗지피티 등 AI 이용이 급속히 확산하면서 저작권·개인 정보 침해 등 부정적 우려가 커짐에 따라 관련 규제 방식에 대한 재검토가 필요하다고 판단했다. 2023년 5월, 생성형 AI를 포함한 AI에 대한 국가 전략을 수립하고 정책 방향성을 제시하는 AI 정책 총괄 자문 기구인 'AI전략회의'를 신설했다. 또한 현재의 생성형 AI를 중심으로 한 AI 논점을 정리한 'AI에 관한 잠정적 논점 정리'를 발표하고, 일본이 중점 추진해야 할 구체적인 AI 전략 방향성으로 위험 대응, AI 이용 촉진, AI 개발력 강화 등을 제시하는 등 AI 관련 경쟁력 강화를 위해서 해당 분야를 중점 지원해 나갈 방침을 제시했다.

대한민국은 과학기술정보통신부를 비롯한 관계 부처 합동으로 2019년 12월, "인공지능 국가 전략"을 발표했다. 정부는 경제 및 사회 전반의 혁신을 위한 3대 분야의 9대 전략과 100대 실행 과제를 제시했다. 주요 내용으로는 공공 기관이 보유한 공공 데이터 전면 개방, 데이터 활용 지원, AI 분야의 포괄적 우선 허용 후 규제 전환, 법제도 정립, 산업 AI 활용 전면화 등 기업들의 AI 활용을 지원하는 내용이 포함되어 있다. "인공지능 국가 전략"은 AI가 미래 산업 기반을 이루는 핵심임을 인식하고 데이터 활용의 필요성을 강조하고, 법적 근거 마련을 적극 추진해 AI 활성화를 지원했다. 2024년 9월, 과학기술정보통신부는 제1차 국가인공지능위원회에서 '국가 AI 전략' 정책 방향을 발표했다. 정부는 AI를 경제 성장과 국가 안보, 사회 문제 해결의 핵심임을 인식하고, 'AI 3대 강국(G3) 도약'을 견인할 국가 AI 전략의 필요성을 강조했다. 4대 플래그십 프로젝트로 ① 국가 컴퓨팅 인프라 대폭 확충, ② 민간 부문 AI 투자 대폭 확대, ③ 산업, 공공, 지역 부분 등 국가 전반을 AI로 개선, ④ AI 안전 · 안보 · 글로벌 지도력 확보 등을 제시했다(과학기술정보통신부, 2024.9.26.; 관계부처 합동, 2024.9.26).

도서관의 AI 전략 방향

AI는 도서관의 서비스, 조직, 이용자 교육에 이르기까지 다양한 차원에서 변화를 촉진하고 있다. 도서관은 이러한 변화에 전략적이고 윤리적인 태도로 적극 대응해야 한다. AI 시대에 도서관 전략은 사회적 신뢰를 유지하며 공공성을 지속할 수 있도록 비전과 과제를 제시해야 한다. AI 기반 도서관 전략 수립을 위해 다음과 같은 전략 방안을 제시하고자 한다.

첫째, AI 기술 기반 인프라 구축이 필요하다. AI 핵심 기술은 컴퓨터의 성능이 바탕이 되어야만 다양한 학습 방법과 반복, 실험, 적합한 알고리즘으로 더욱 정확하고 신속하게 구현될 수 있다. 다양한 분야에서 AI 기술 기반 플랫폼과 AI 기술을 활용한 서비스를 개발해 적용하고 있다. 그러나 도서관의 한정된 예산으로는 AI 서비스를 위한 인프라를 구축하는 데 어려움이 있으며 AI 기술 개발을 위한 자원을 투입하기도 어렵다.

국가 도서관에서는 자체적으로 개발해 활용할 수 있는 AI 시스템을 구축해 인프라를 확충하고 있다. 공공 도서관에서는 문화관광체육부의 '스마트 도서관', 'U-도서관 서비스' 등 장비 지원 사업을 통해 자동화 장비를 구축하는 등 이용자 서비스 자원 확보를 위해 노력해야 한다. 다양한 AI 도서관 서비스를 제공하기 위한 인프라 구축은 우선 과제일 것이다.

둘째, 데이터 공유와 개방을 통한 도서관 서비스 콘텐츠 개발이 필요하다. '인공지능 국가 전략'(2019)에서는 AI 경쟁력 혁신을 위한 추진 과제로 공공 기관이 보유한 공공 데이터 전면 개방 및 데이터 활용 지원 등을 제시했다. AI가 처리할 수 있는 기술이 발달하지만, 데이터가 부족하다면 이용자가 원하는 정보를 제공하기에는 한계가 있다. 도서관 서비스인 챗봇은 도서관의 일반 정보, 이용자의 회원 정보 및 대출 정보 등 한정된 데이터로 간단한 명령을 수행하는 서비스로 시작했다. 그러나 최근에는 AI로 다양한 데이터를 학습해 이용자 맞춤형 정보 추천과 같은 지능형 도서관 서비스가 가능해졌다. 이용자 맞춤형 정보를 제공하기 위해서는 다양한 정보 자원이 필요하며, 단일 도서관에서 생산되는 정보뿐만 아니라 타 도서관을 비롯한 다양한 기관과의 데이터 공유를 통해서 정보 자원을 확장할 수 있을 것이다.

셋째, 국가 도서관, 연구 기관, 공공 기관과 다양한 협력 네트워크 구축을 통해 공공 도서관 업무의 효율성을 증대할 수 있다. 민간 플랫폼과의 공공적 협력 모델 개발을 통해 챗봇, 검색 엔진, 추천 시스템 등 민간 AI 기술을 활용하되, 데이터 사용, 알고리즘 원칙, 서비스 목적에 대한 사전 협약 체계 수립 등을 통해 AI 도입에 구체적이고 실천적인 방안을 마련할 수 있다. AI는 도서관 업무에 활용할 수 있는 메타데이터 생성, 자동 분류 목록 등 문헌 분석을 신속하고 정확하게 실행할 수 있을 것이다(김지영, 2023b). 이렇게 구축된 자료는 자료 목록 구축을 위한 시스템을 통해 여러 도서관에서 공유할 수 있으며, 도서관에서 사서의 업무 효율성을 증대할 뿐 아니라 다양한 자료들의 정보를 공유해 이용자에게 제공할 수 있을 것이다.

넷째, AI 기술에 대한 지속적인 교육 지원으로 전문 인력을 양성해야 한다. AI 기술을 활용해 도서관 서비스를 제공하기 위해서는 새로운 기술에 대한 이해, AI를 활용한 검색 도구를 활용할 수 있는 사서가 있어야 할 것이다. AI를 효과적으로 사용하기 위해서는 AI 도구가 사용되는 영역과 작동 방식, 평가, 분석을 통한 AI 도구 사용에 대한 비판적 사고가 필요하다(Upshall, 2022). AI가 제공하는 결과들을 선택하고 판단해 도서관 서비스에 활용하고 이용자에게 제공하는 역할을 하는 중심은 도서관 직원이다. 도서관이 가지고 있는 정보 자원과 AI를 활용할 수 있는 직원의 역량은 AI 서비스에 중요한 요소가 될 것이다. 행정 기관에서 공무원을 대상으로 다양한 AI 기술에 대한 직무 역량 교육을 제공하는 프로그램과 국립중앙도서관의 최신 동향을 반영한 사서 교육 프로그램이 있다. 도서관 직무 역량 교육 시 AI 기술에 대한 이해와 도구 활용 등 적극적인 교육을 통해 AI 역량을 갖춘 미래 핵심 인재 양성이 필요하다.

다섯째, AI 기술을 활용한 다양한 서비스를 제공하기 위한 구체적 기준을 제시한 정책 수립이 필요하다. 유럽연합은 연구자, 연구 기관, 연구 자금 지원 기관을 대상으로 책임 있는 AI 사용을 안내하는 지침을 발표했다(IFLA, 2020). 국제도서관연맹의 "AI 윤리 지침"은 도서관이 이용자의 프라이버시 보호와 정보 접근성 유지의 중요성을 강조하고 있다(IFLA, 2020). 정보 자원을 위한 데이터 수집 및 적용에서 개인 정보 침해 문제, 제공된 정보 자원의 정확성, 신뢰도의 문제, AI의 도덕적 · 윤리적 문제 등 AI를 활용함으로써 발생하는 문제들을 고려할 필요가 있다(김지영, 2023a). 그러기 위해서는 AI 도서관 서비스로 발생하는 다양한 문제에 대처할 수 있도록 실무에 활용할 수 있는 기준을 마련해 AI 기술 활용의 안정성을 확보해야 한다. 또한, AI 도서관 서비스 제공에 따른 명확한 지침을 수립해 도서관 AI 서비스의 투명성과 설명 가능성 원칙을 준수하고 이용자의 신뢰를 확보해야 할 것이다.

참고문헌

과학기술정보통신부(2019.12.17). "인공지능(AI) 국가전략 발표". https://www.msit.go.kr/bbs/view.do?sCode=user&mId=307&mPid=208&bbsSeqNo=94&nttSeqNo=2405727

과학기술정보통신부(2024.9.26). "인공지능 3대 강국(AI G3) 도약을 위한 대한민국 AI 혁신의 청사진 제시".

관계부처 합동(2024.9.26). "AI G3 국가 도약을 위한 '국가AI전략' 정책방향".

김지영(2023a). "지능정보기술 기반 디지털 플랫폼 도서관 모델 연구". 《한국지식정보기술학회 논문지》, 18(6), 1517~1526쪽.

김지영(2023b). 《인공지능 기반 기술의 도서관 활용에 대한 공공도서관 사서의 수용의도 및 도서관 적용 모델에 관한 연구》. 상명대학교대학원 박사학위논문.

소프트웨어정책연구소(2025). 《2024년 국내외 인공지능 산업 동향 연구》. 연구보고서 RE-189.

IFLA(2020). IFLA statement on libraries and artificial intelligence. https://www.ifla.org/wp-content/uploads/2019/05/assets/faife/ifla_statement_on_libraries_and_artificial_intelligence.pdf

NAIAC(2025.1.28). NAIAC Insights for the Administration of

President Donald J. Trump.
Upshall, M.(2022). An AI toolkit for libraries. *Insights: The UKSG Journal, 35*, 18.

김지영

인천광역시도서관발전진흥원에 재직 중이며 상명대학교 문헌정보학전공 겸임교수다. 상명대학교 대학원에서 문헌정보학을 전공했고 "인공지능 기반 기술의 도서관 활용에 대한 공공도서관 사서의 수용의도 및 도서관 적용 모델에 관한 연구"로 박사학위를 받았다. "인공지능 기반 기술에 대한 공공도서관 사서의 사용의도 연구"(2023), "공공도서관 청소년 자료실의 공간 평가 요소 분석 및 사례조사 연구"(2019) 등의 논문을 《한국문헌정보학회지》에 게재했다. "A Study on the Digital Platform Library Model Based on Intelligent Information Technology"(2023) 논문을 《Journal of Knowledge Information Technology and Systems》에 게재했다. "토픽모델링을 활용한 4차 산업혁명 분야의 국내 연구동향 분석"(2023), "전략경쟁분석을 통한 공공도서관의 차별화 전략 방안 연구"(2020) 등을 《한국비블리아학회지》에 게재했다.